かんたん！たのしい！
CS WaiWai わいわい アイディア集

旧約編／新約編／教会暦・行事編／賛美・祈り編／クッキング編

『教師の友』編集部編

かんたん！たのしい！
CS WaiWai わいわい アイディア集

旧約編　5

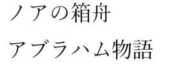

新約編　23

教会暦・行事編　45

賛美・祈り編　73

クッキング編　81

装丁・石橋えり子

本書の用い方

　本書は、過去に教案誌『教師の友』に掲載された活動の中から、**とっておき**を集めて、テーマ別に再編集したものです。

　その日の聖書のお話や、教会歴・行事にあわせて活動をしたいけれど、何をすればよいかわからない……、準備が大変でとてもできそうにない……、子どもが少なくなったので難しい……、多くの CS が、このような課題を抱えていることでしょう。本書は、そんな CS の強い味方！　初心者でもかんたんに取り組め、子どもでもおとなでも楽しめる、現在の CS の実状に即した活動アイディアを集めています。

　「そのまますぐに使える！」をコンセプトとしていますが、集まる子どもたちの年齢や好み、人数などにあわせ、アレンジする必要も出てくるでしょう。また、基本的に「1 回の活動」におさまる想定でプログラムをつくっていますが、活動の状況もそれぞれでしょう。ですから、本書は**「アイディア集」**なのです。このアイディアをもとに、プログラムを組み立ててください。

聖書箇所からえらびたい

　「旧約編」「新約編」は、聖書箇所やテーマごとに並べてあります。

　他の章にも参照聖句を掲載しました。巻末の「聖句索引」を参考にしてください。

教会暦、行事からえらびたい

　「教会暦・行事編」を中心に、「クッキング編」もご覧ください！

賛美にひと工夫したい

　「賛美・祈り編」にさんびかを活用した活動を集めました。『こどもさんびか 改訂版』を基本的に使用していますが、これも実状にあわせて用いてください。新しいさんびかとの出会いが生まれたら、うれしいですね。

　本書に掲載されたイラストや型紙は、**ご自由に**お用いください。

　子どもたちの笑顔あふれる CS となりますように！

旧　約　編

天地創造、出エジプト、王様たち、預言者たち……、神さまの救いの歴史が記された旧約聖書には、聞いているだけでわくわくする楽しいお話がたくさん。紙芝居や工作、ゲームで、旧約聖書の世界をリアルに体験しよう。

天地創造

パタパタ紙芝居

✝聖書は……創世記１・１〜２・３

１枚で６場面を表現できる紙芝居で、みんなに天地創造のお話をしてあげよう。

☺用意するもの

６場面の下絵を描き、B4判の画用紙にコピーしたもの（7ページ下参照）…人数分、色鉛筆、マーカーペン、クレヨンなど

❖ 進め方

①下絵にあわせて各自で塗り絵をする。
②最初にリーダーが６場面を演じてみせる。
③子どもたち同士で互いに紙芝居を見せ合う。
④最後に、『こどもさんびか 改訂版』112番「かみさまがつくられた」を賛美しよう。

●時間がとれれば、活動を2週に分けて、下絵を描くところから子どもたちに取り組んでもらえるとよいですね！

お話の例

第1面
はじめに神さまは「天」と「地」をおつくりになりました。まっくらな闇でした。水の上に神さまの霊がうごいていました。

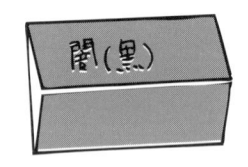

第2面
（上４分の１を折り返す）
神さまが言いました。「光あれ」。すると光がありました。神さまは光を昼とよび、闇を夜とよびました。第１日目です。

第3面
（下４分の１を折り返す）
「水は上と下に分かれよ」と神さまは言いました。そして大空をつくりました。夕方があり、朝がありました。第２日目です。

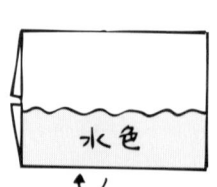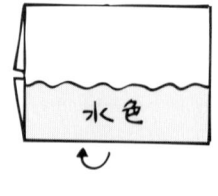

第4面
（全体をひっくり返す）
神さまは言いました。「天の下の水はひとつにまとまれ。地面よあらわれよ」。海ができ、地面ができました。地面に草を生えさせ、実のなる木を生えさせました。夕方があり、朝がありました。第３日目です。

第5面
（上４分の１を折り返す）
神さまは二つの大きな光るものをつくりました。大きいほうが昼を、小さいほうが夜を照らしました。夕方があり、朝がありました。第４日目です。

第6面
（下半分を折り返す）
神さまは水の中の生き物と空を飛ぶ鳥をつくりました。第５日目です。つぎに陸に住む生き物をつくりました。そして神さまは、自分ににせて男と女をつくりました。神さまはすべてを見て言いました。「とてもよい」。これが第６日目です。
（紙芝居をしまって）
第７日目、神さまはお休みになりました。

ノアの虹のステンドグラス

☩聖書は……創世記9・12～17

フォトフレームに飾ってもすてきです。

☺用意するもの

ガラス絵の具…黒、虹の色（大きさによっては7色すべて入らないので、好きな色をえらぶ）、A4クリアファイルまたはアクリル板、画用紙、筆記用具、はさみ、セロハンテープ、つまようじ

❖作り方

①紙に虹と雲の下絵を描く。

②①の上にクリアファイルまたはアクリル板をのせてセロハンテープでとめ、黒いガラス絵の具で下絵の輪郭をふち取りをし、乾かす。

③輪郭の隙間を埋めるように、いろいろな色のガラス絵の具で塗りつぶしていく。

④気泡ができたらつまようじでつぶし、乾かす。

◉黒いガラス絵の具を乾かすのに30分から1時間かかるので、2週にわたっての活動にするとよいでしょう。

◉ガラス絵の具は混ぜることができます。色がそろわない場合には、混ぜて色を作ってください。

◉絵の具を厚く塗ると、窓などに貼ることもできます。

絵を描く場所

「紙の折り方」で正面になっている方をおもてとする。

①～⑥に以下のように、第1場面～第6場面の絵を描く。

①…真っ黒に塗る　　　②…黄色に塗る　　　③…水色に塗る

④…海と地面、植物を描く　⑤…太陽と月を描く　⑥動物と人間を描く

紙の折り方

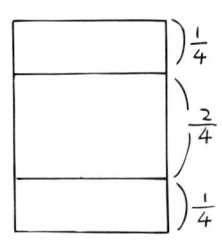

線のところを
山折りにする。

おもて

| ④ |
| ② |
| ③ |
| ④ |

うら

| ① |
| ⑤ |
| ⑥ |
| ① |

アブラハム物語

わたしの名前はどう変わる？ ✟聖書は……創世記 17 章ほか

聖書には、神さまに新しい名前を与えられる人が出てきます。
もとの名前と新しい名前をむすぶクイズをやってみよう！

☺用意するもの
聖書、解答用紙、筆記用具

❖ 進め方

下のような解答用紙を、事前にリーダーが作っておく。子ども
たちに解答用紙を渡し、聖書を見ながら考えてみよう。ときお
わったら、聖書を読んで、みんなで答え合わせをする。

なまえクイズ

左がもとの名前、右が新しい名前。カッコのなかは、ヒントや聖書箇所です。
聖書を読んで、左と右をむすんでみよう！　よぶんな答えもあるから注意！

◆ 旧約聖書 ・ A イスラエル

①アブラム ・
（創世記 17・5） ・ B アブラハム

②サライ ・
（アブラムの妻。創世記 17・15） ・ C ユダ

③ヤコブ ・
（アブラムとサライの孫。創世記 32・29） ・ D サラ

◆ 新約聖書

④シモン ・ ・ E ヨハネ
（イエスさまの弟子。マルコ 3・16）

⑤サウロ ・ ・ F パウロ
（サウルとも呼ばれる。使徒 13・9）

・ G ペトロ

すてきな記念の石   ✝ 聖書は……創世記 28・18 〜 22

ヤコブは、夢で神さまに出会った場所に記念碑として石を立てました。
わたしたちも記念になるカラフルな石を作ろう。

ペインティング

☺ 用意するもの

石、ポスカやアクリル絵の具、新聞紙、
ラメ入りマニキュア、マスキングテープなど

❖ 進め方

①好きな石をえらぶ。雲、ひつじ、消防車、じゃが
　いも……、その石がなんのかたちに見えるかみん
　なで話し合ってみよう。
②テーブルの上に新聞紙を広げる。見えた物にあわ
　せて色を塗ったり、石のかたちにあわせて絵を描
　いたり、好きな色でいろいろな模様を描くのもき
　れい。マスキングテープで飾ってもすてき！

● 日ごろから心がけて、石を集めておきましょう。
● 河原などで石を拾う時は、必ずおとな同伴で。
　また、空き地などの石を拾う場合には、所有者
　に断っておきましょう。
● 大きな石はペーパーウエイトに。小さな石は動
　物に見立てたり、アクセサリーなどにします。
● マニキュアやラッカーを使用したくなければ、
　のりづけと仕上げの上塗りにデコパージュ液
　（合成樹脂、100 円ショップで入手できます）
　を用いる方法もあります。

デコパージュ

☺ 用意するもの

石、柄のペーパーナプキン、
マスキングテープやシールなど柄のあるもの、
クリアラッカーまたは透明マニキュア、
はさみ、のり、筆、新聞紙

❖ 作り方

①石の大きさにあわせてペーパーナプキンの絵や柄の必要な
　部分だけを切りとり、柄がついた上紙だけをはがす。
②石にのりを塗り、しわにならないように①の紙を貼りつけ
　る。余分な部分はカットする。柄を重ねたり、シールやマ
　スキングテープなどを貼ってもよい。石全体に柄をつける。
③のりが乾いたら、上からクリアラッカーなどを塗り、よく
　乾かす。

夢の牛のモビール

✝聖書は……創世記 41・1 〜 36

ファラオの夢に出てきた、やせた牛とこえた牛です。

☺用意するもの

ポリ袋、ストロー、セロハンテープ、
両面テープ、画用紙、ペン、のり、
はさみ、吊るすひもか棒、輪ゴム

やせた牛

こえた牛

❖作り方

①ポリ袋の端にストローを差し込み、3 cm
ほど外に出して袋の口を閉じるようにセロ
ハンテープでぐるぐる巻きにする。スト
ローが牛のしっぽになる。

②図のように画用紙に牛の顔を描いて切り抜
き、二つ折りにして、袋をはさむように両
面テープで貼る。

③脚を作る。幅 1.5 〜 2.5 cm、長さ 30 cm に
切った紙を 2 本作る。1 本の端にのりをつ
け、もう 1 本の紙の端が互いに直角にな
るようにとめる。下になっているテープを
上のテープの幅に合わせて重ねるように折
る。同様に下になったテープを重ねて折
り、ばねのような足にする。これを 4 本
分作る。袋に脚を両面テープでつける。

④吹き込み口のストローから息を吹き込み、
まん丸にこえた牛を作る。少しだけしか息
を吹き込まないやせた牛も作ろう。

⑤ぶら下げられるように、牛の背中に、輪ゴ
ムをセロハンテープでつける。

⑥こえた牛とやせた牛を 7 頭ずつ作り、ひ
もや棒に通してモビールにして飾る。

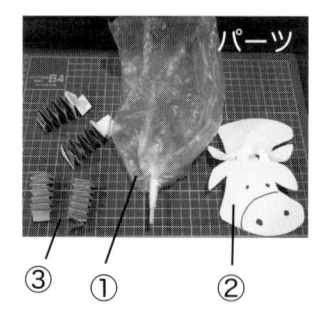

パーツ

③　①　②

②牛の顔
点線は折れ線。
つのはきりこんで、
立てる。

③脚を作る

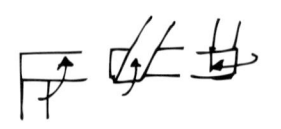

④ストローから息を吹き込む

●「実の入った穂」と「実の入っていない穂」を紙に描いて 7 つずつ作
ると聖書の学びが豊かになります。

パピルスのかごとモーセ

✟聖書は……出エジプト記2・1～10

赤ちゃんモーセの命を守ったパピルスのかごを作ります。

☺用意するもの

緑色の画用紙（B4）、ホチキス、はさみ、のり

パピルスのカゴ

❖作り方

①画用紙を縦に8等分に切っておく。
②2枚の紙をくの字に貼る（図の濃い紙）。
③残りの紙を端を少し出して交互に織るように組む。組み終わったら★の端を折ってのりで貼り、強度をつける。

④長い端は組み終わりのところで、全部内側に折り目をしっかりつける。端を立ち上げて左右でまとめる。
⑤先端から7cmくらいのところで両方を合わせてホチキスでとめ、先端を葉っぱのようにばさばさに切り目を入れる。

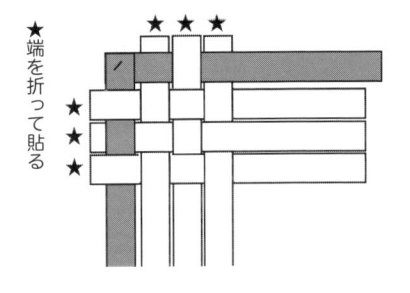
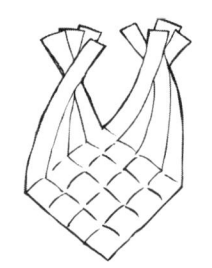

赤ちゃんモーセ

☺用意するもの

のり、ヤクルトの空容器、白ガーゼ、綿、輪ゴム、柄布、毛糸、ペン

❖作り方

①ガーゼ（白布）で綿をくるみ、輪ゴムでしばる。毛糸の髪の毛をつける。ヤクルト容器の口にさして、顔を描く。
②柄布でくるんで端をのりでとめる。
③かごに寝かせる。

モーセ物語

モーセさんの命令です！

✝聖書は……出エジプト記 14・15 ～ 31

モーセさんはたくさんの人を率いてエジプトを脱出します。
みんなが好き勝手に行動していては先に進めません。
モーセさんの命令にしたがおう！

❖ 進め方

①モーセ（リーダー）をえらぶ。
　残りの人はメンバー。

②モーセは前に立ち、命令を出す。
　必ず最初に「モーセさんの命令です」
　と言ってから命令を出す。
　命令の例「右手を上げてください」
　　　　　「上を見てください」
　　　　　「その場で走ってください」

③メンバーはモーセさんの見えるとこ
　ろに立つ。
　「モーセさんの命令です」を言わな
　かった命令にはしたがわない。
　したがってしまった人は、その場で
　座る。

④モーセを交替してやってみよう。

◉引っかけ命令
　「モーセさんの命令です。右手を上げてください」
　の後に「左手を上げてください！」と続けるなど、
　反対のことを言うとと引っかかる人が多いですよ。

さあ、海をわたれ！

✝聖書は……出エジプト記 14・15 〜 31

エジプト軍に追いつかれず、海をわたれるかな？？

☺用意するもの

ブルーシート

（なければ古いシーツなど。小さい
ものは、何枚かを貼り合わせる）

▢ 準備しておくこと

床に、"ここから出てはいけな
い" という「エジプトエリア」
のしるしをつけておく。ビニー
ルテープなどを貼ってもよい。

❖ 進め方

①リーダー2人が、ブルーシートの両端を
持って向かい合わせに立つ。ブルーシート
が目の前に広がる「海」、ブルーシートの
向こう側が目指すべき「約束の地」。

②子どもたちは「エジプトエリア」に立つ。
ここからは出られません。

③リーダーはシートを波のように上下に動か
し、膨らませたり、床につけたりを繰り返
す。2人の動きを反対にしたり、左右の手
の動きを逆にしたりして、シートの動きに
変化をつける。

④子どもたちはタイミングを見て、1人〜2
人ずつ順番にシートの下を通り抜け、「約
束の地」へ向かって行く。シートに触って
も、シートの「海」に捕まらなければ、脱
出成功。

⑤「海」に捕まってしまったら、もう一度
「エジプトエリア」に戻って、何度でもチャ
レンジ。全員が脱出できるまで、声をかけ
あって応援しよう！

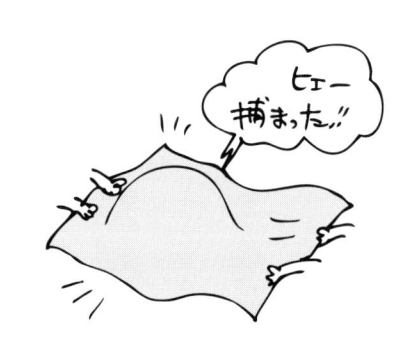

モーセ物語

十戒の石板を作ろう

✝聖書は……出エジプト記 20・1 〜 17

十戒が刻まれた石板作りにチャレンジ！

☺ 用意するもの

石板用段ボール（60 × 30 cm）…2 枚分、
十戒カード用段ボール（8 × 20 cm）…10 枚分、
段ボールカッター、絵の具、筆記用具、
低粘着の両面テープ（貼ってはがせるもの）

▢ 準備しておくこと

①段ボールに、石板のかたちの線をつける。
②段ボールに十戒を書き込み、十戒カードを
　10 枚作る。

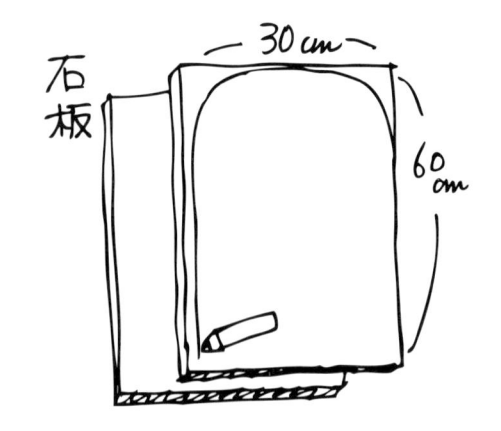

❖ 進め方

①段ボールカッターで、段ボールを石板のかた
　ちに切りだす。小さい子どもの場合はリー
　ダーが切る。

② ①の石板と十戒カードに、絵の具などで色
　を塗り、十戒カード 1 枚に 1 つずつ十戒の
　みことばを書く（十戒のことばは、それぞれ
　の教会で用いているものを使う。『こどもさ
　んびか 改訂版』192 ページの十戒も参照し
　てください）。

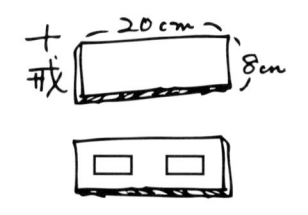

③カードのうらには、低粘着のテープを小さく
　切って貼る。

食べてよいのはどれ？？

✝聖書は……レビ記 11 章、使徒 10・9 〜 16

イスラエルの民が食べてよい生き物、
食べてはいけない生き物はなんだったでしょう？

❖ 進め方

①下のような解答用紙を事前にリーダーが作っておき、
　子どもたちに解答用紙を渡す。レビ記 11 章を見なが
　ら考えて、ときおわったらみんなで答え合わせをする。

②みんなで使徒 10・9 〜 16 を読み、イエスさまによって、
　神さまは造られたすべてを分け隔てなさらないことを
　伝える。

生き物クイズ

神さまがお造りになった生き物の名前が並んでいる。この生き物のうちで、
食べてよいものはどれ？　よいものに○を、だめなものには×をつけよう。

・うし	・きんぎょ	・からす
・らくだ	・さけ	・あおさぎ
・いのしし（ぶた）	・にわとり	・いなご
・ひつじ	・はげわし	・もぐらねずみ
・のうさぎ	・あいがも	・とかげ
・たい	・こうもり	・カメレオン
・うなぎ	・はと	・わに

士師記

士師をさがせ！

✝聖書は……士師記４章

カードゲームをしながら、士師の名前を覚えよう。

> ☺ 用意するもの
>
> 厚手の紙（9 × 6 cm）…50 枚、
> 色鉛筆

▢ 準備しておくこと

用意した厚手の紙に「デボラ」「シセラ」「バラク」のイラスト（右下の絵を参照）を印刷し、絵札を用意する。
「デボラ」は 10 枚、「シセラ」は 8 枚、「バラク」は 32 枚作り、それぞれのカードに色鉛筆で色を塗っておく。

✣ 進め方

①カードをシャッフルし、場の中心にうら向きに山積みする。

②順番に 1 枚ずつ山札を引く。

③バラクのカードを引いた人は、カードを手元にためる。

④シセラのカードを引いた人は、自分の持ち札をすべて場に出す。

⑤デボラのカードを引いた人は、場のカードをすべてもらう。

⑥山札をすべて引きおわったら、手持ちのカードを数え、多い人が勝ち！

「デボラ」

「バラク」

「シセラ」

300 をえらべ！

✝聖書は……士師記 7・1 〜 8

ギデオンたちとミディアン人との戦いで「300」人が
えらばれたことにちなみ、身近な「300」を当ててみよう。

☺ 用意するもの

はかり（キッチンスケールなど）、
300g の見本（身の回りにある、重さ 300g
のものを 1 つ。たとえば、大きめのマグカッ
プ、本、お米など）

🗀 準備しておくこと

部屋の中央にはかりを置き、リーダーが管理する。
ふれてはいけないものなどのルールを決める。
さがし回れる範囲を決める。「この部屋の中だけ」「教
会の 1 階だけ」など。

● 『こどもさんびか 改訂版』の重さは約 210g です。参考に
してください。

体感でえらべ！

❖ 進め方

①用意しておいた 300g のものを各自が持って
みて、300g の重さを確認する。
②時間を決め、スタートの合図とともに、各自
バラバラに、身の回りから 300g のものをさ
がす。いくつか組み合わせてもよい。
③リーダーは残り時間を時々知らせる。
④終了の合図で集まり、さがしてきたものを 1
人ずつ順番にはかりに乗せて重さをはかる。
⑤みんなで確認し、300g にいちばん近かった
人が優勝。

はかりではかれ！

❖ 進め方

①〜③までは、左の「体感でえらべ！」と同じ。
④見つけるたびに、はかりのところへ持ってい
き、自分ではかってみる。
⑤より 300g に近いものをさがし直す。時間内
なら、何度はかり直してもよい。
⑥終了の合図で集まり、最後にみんなで確認し、
300g にいちばん近かった人が優勝。

ダビデ物語

ゴリアトを倒そう　　　　　✝聖書は……サムエル記上 17 章

実物大のゴリアト（6 アンマ半＝約 2.9 メートル）を作って、的当てゲームをします。
少年ダビデになって、ゴリアトの大きさを実感しよう。

☺ 用意するもの

シーツ、模造紙、カラーペン、色紙、
のり、はさみ、クラフトテープなど、
スポンジなどの軽いボール…数個

❖ 作り方

①ゴリアトの身体のパーツ（頭、胴体、両腕、両足）を
　右図を参考に模造紙に描いて、切る。身長が 2.9 メー
　トルになるように注意！

②それぞれのパーツに色を塗ったり、細かく切った色紙
　を貼る。

③パーツをシーツにテープで貼りつけ、シーツごと上か
　ら吊り下げる。

❖ 進め方

①当たった場所によって点数を決める。

②離れたところから、ゴリアトに向かってボー
　ル（紙を丸めたものでもよい）を投げる。
　チーム別に点数を競う。

主の箱リレー

❖ 進め方

①簡単なコースを決める。
　例 1）教会全体を使ってする：
　　　　この部屋を出る →礼拝堂の前を通る →
　　　　トイレの前を通る →戻ってくる
　例 2）1 部屋の中でする：
　　　　イスなどの障害物を避ける →座布団の山を乗り越える
　　　　→戻ってくる

主の箱をはこべ！ ✝聖書は……サムエル記下 6・1 ～ 19

主の箱を作り、リレーではこんでみましょう。

> ☺用意するもの
>
> 段ボール箱（20 × 30 × 40 ㎝ くらい）…同じ大きさを 2 個、新聞紙…2 日分くらい、色紙、紙皿…4 枚、セロハンテープ、ガムテープ、はさみ、油性マジック、カッター

主の箱作り

❖ 作り方

①段ボールで主の箱を 2 つ作る。ふたはガムテープなどでとめる。外に色違いの紙などを貼る。

②ケルビムを 4 つ作る。下図のように紙皿を実線でカットする。

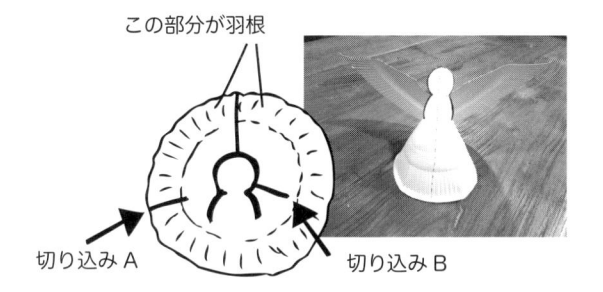

この部分が羽根

切り込み A　　切り込み B

③切り込み A に切り込み B をはさみ込み、羽根を後ろでクロスさせる。マジックで顔を描いてもよい。

④かつぐ棒を 4 本作る。新聞紙を 5 ～ 6 枚重ね、横長方向に丸めて筒を作り、セロハンテープでとめる。

⑤それぞれの箱の上に、2 つのケルビムを向かい合わせて置き、セロハンテープでとめる。

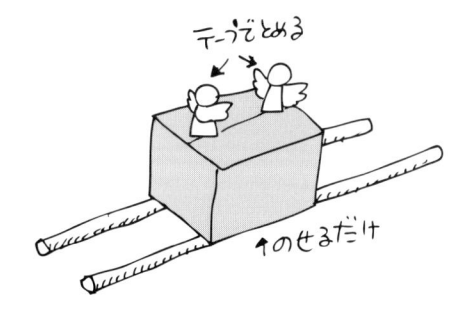

テープでとめる

↑のせるだけ

②2 チームに分かれる。さらにチームの中で 2 人ずつのペアを作る。

③2 人で前後になり、それぞれ新聞の筒 2 本を肩にかつぐ。その上に段ボール箱をのせる。

④箱は手で支えてはいけない。主の箱を落とさないようにコースを回り、次の人にバトンタッチする。

⑤もし箱を落とした場合は、のせ直してその場から再スタートする。先に一周できたチームが勝ち！

エリヤ物語

エリヤとエリシャの二人三脚

✝聖書は……列王記下 2・1 〜 18

預言者として共に働いてきたエリヤとエリシャ。
エリヤが天に上げられる前に、2人でイスラエルの
町々をめぐります。協力しあって、ゴールを目指そう！

☺ 用意するもの
てぬぐいやハチマキなど足をしばるひも、
積み木や踏み台など低い台、
大縄、新聞紙、いす、セロハンテープ

◉それぞれの組がどれだけ早くできる
か、タイムを競ってもよいですね。

❖ 進め方

①2人1組になり、足首をしばって二人三脚でスタート。
②障害物1「ベテルの門」 リーダー2人が手をつなぐか、
　いすなどで門を作り、そこをくぐる。
③障害物2「エリコの山」 低い台を乗り越える。
④障害物3「ヨルダンの川」 リーダーが大縄をへびのよ
　うに動かし、それをわたる。
⑤ゴール「ヨルダンの川2」 いすを2脚、新聞紙を広げ
　た幅に背を合わせて置き、新聞紙を広げて背にセロハン
　テープで軽くとめる。2人で新聞紙を破って通り抜ける
　（片側にまとめてとめておき、1組が通ったら1枚ずつ
　広げてとめる）。

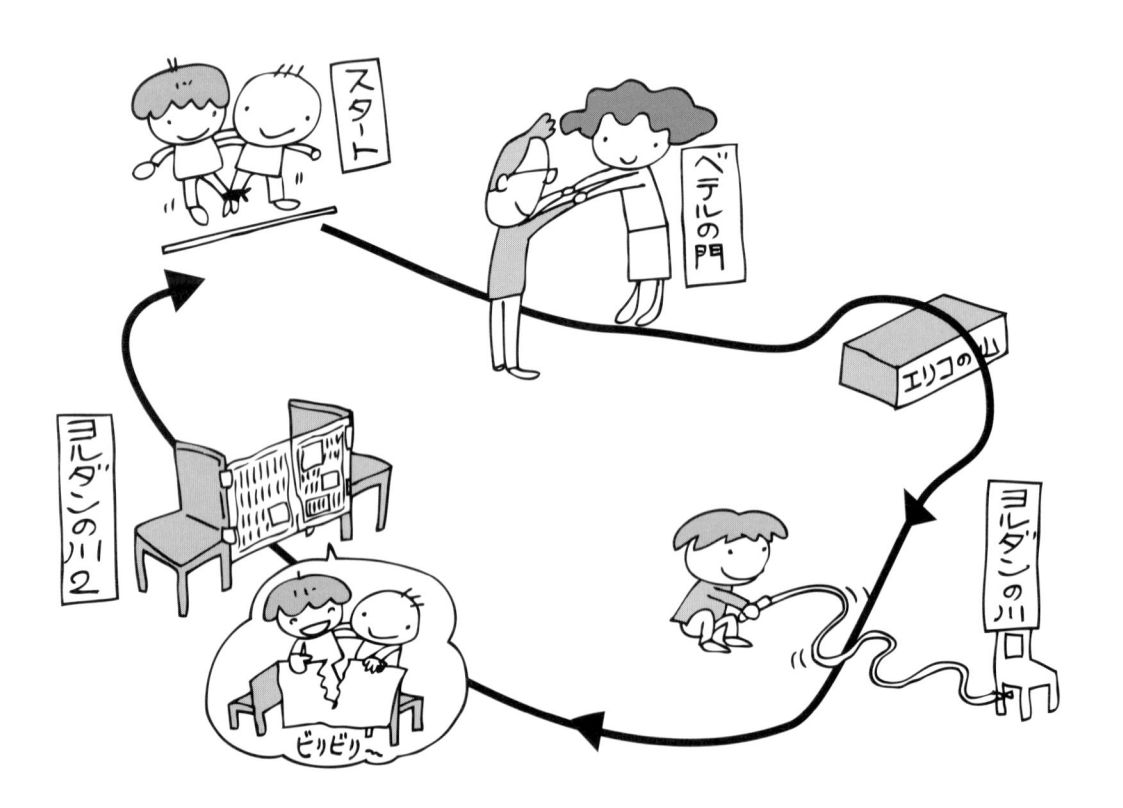

枯れた骨よ生き返れ！　　✝聖書は……エゼキエル書 37・1 〜 14

割りばしにトイレットペーパーで肉づけし、人形を作ります。

人形作り

> ☺用意するもの
>
> 割りばし、麻ひも、新聞紙、紙皿、
> はさみ、トイレットペーパー、
> でんぷんのり（普通のチューブの
> りでも可。ただし量を使う）

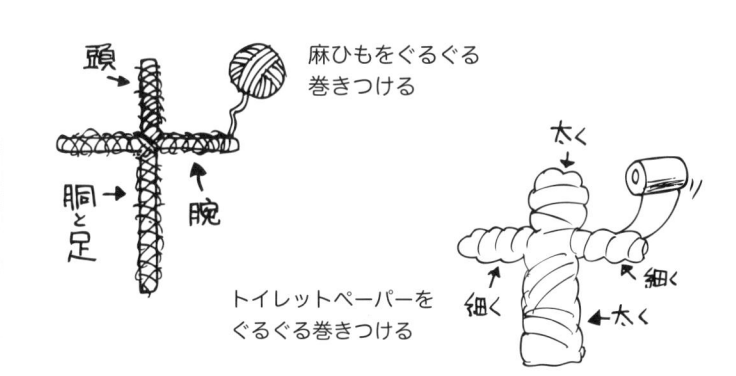

麻ひもをぐるぐる
巻きつける

トイレットペーパーを
ぐるぐる巻きつける

❖ 作り方

①割りばしを十字に組み、真ん中を麻ひもでしばる。

②割りばしのタテの短い部分を頭、長い部分を胴と足、
　ヨコを腕にみたてて麻ひもをぐるぐる巻く。

③その上からトイレットペーパーをぐるぐる巻き、太
　らせる。

④新聞紙を 3 cm 角くらいに破り、でんぷんのりに浸
　す。

⑤ベトベトになった新聞紙片を、割りばしの人型の上
　に貼りつけていく。

⑥首にあたる部分を細くしたり、胴を丸く太らせたり
　して人型になるよう整える。

新聞紙をやぶく

でんぷんのりを手作り
する場合は……

小麦粉
大さじ1

水カップ1

よく水で
溶いて
から火に
かけて
中火でかきまぜる

新聞紙をべたべたとたくさん
貼りつける。太くなってきた
ら、下に紙皿を敷いてくっつ
ける。

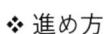

人形の色づけ

> ☺用意するもの
>
> 水彩絵の具、パレット、
> 筆、ニス、ビニール手袋

1 週間乾かして色を塗る

❖ 進め方

①「人形作り」で作った人形を、1 週間ほど乾燥させる。

②水彩絵の具で着色。顔や服を描く。

③最後に、全体にニスを塗り、よく乾かす。

ヨナ書

ヨナのけん玉

✝聖書は……ヨナ書２章

けん玉のようにして遊んで、ヨナが魚にのまれる
様子を再現してみよう。

けん玉のように遊ぼう！

> ☺ 用意するもの
> トイレットペーパーの芯…人数分、厚紙（5cm角）…人数分、
> 糸（たこ糸、毛糸など）30cm…人数分、ホチキス、はさみ、
> セロハンテープ、ゼムクリップ、マーカー、クレヨンなど

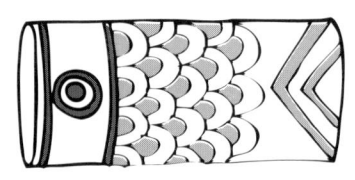

❖ 作り方

①トイレットペーパーの芯をちょっとつぶして魚の模様を描く。
②厚紙にヨナを描いて、切り抜く。
　魚の口に入るよう大きさに注意する。
③糸をホチキスでヨナの頭につける。重りにゼムクリップをつけ
　る。必要なら、セロハンテープで補強する。
④もう一方の糸の端を、ホチキスで魚のしっぽにつける。魚の口
　を丸く開く。

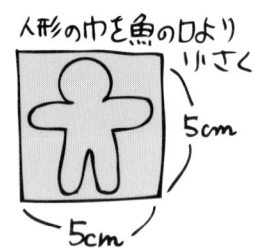

人形のゆを魚の口よりリいさく

5cm

5cm

ヨナのくるくるうちわ

うちわをくるくる回すと……あっ、魚の中にヨナがいるよ！

> ☺ 用意するもの
> 厚紙（直径20cmくらいの円を描く）…人数分、
> 割りばし…人数分、はさみ、カラーペン、
> 接着剤、セロハンテープ

❖ 遊び方

割りばしを両手ではさ
み、くるくる早く回すと、
ヨナが魚のお腹の中にい
るように見えます。

❖ 作り方

①厚紙を丸く切る。
②紙の中央に、祈っているヨナの姿を、小さめに描く。
③うら面に、めいっぱい大きく魚を描く。
④割りばしの先を軽く開き、接着剤を少しつけて紙を
　はさみ、セロハンテープでとめる。

おもて

うら

新　約　編

みんな大好きなイエスさま。お話の後に、イエスさまの生涯やことばを体験するような活動ができると、もっと楽しいですね！
イエスさまの福音は使徒たち、そしてわたしたちによって世界中に広がっています。

４つの土地を探険しよう

✝聖書は……マタイ 13・1 〜 9 ほか

身近にある「4 つの土地」をめぐってみよう。種は育つかな？？

☺用意するもの(各グループごとに)

たんけんカード、画板など下敷き、筆記用具、水 2ℓ(飲用ではない)、虫めがね(なくてもよい)

☐ 準備しておくこと

「たんけんカード」を各グループに 1 枚用意する(A4 の紙のおもて面をワークシートに、うら面には探険場所の地図を書く)。

たんけんカード

4つのつち

(1) (2) (3) (4)

やってみよう！
・(1) 〜 (4) のばしょをみつけたら、ちずに書きこむ。
・土のようすの絵をかく。
・さわって、おんどをかんじよう。
・水をかけてみよう。どんなふうにしみこんでいくかな？

	さわってみよう！
(1) かちかちの土 (絵)	
	水をかけてみたら？
(2) 石のすきまの土 (絵)	さわってみよう！
	水をかけてみたら？
(3) ざっそうの多い土 (絵)	さわってみよう！
	水をかけてみたら？
(4) 手入れされた土 (絵)	さわってみよう！
	水をかけてみたら？

うら面・探険場所の地図→

❖ 進め方

① 3 〜 4 人のグループを作り、用具を配る。
② イエスさまが話された 4 つの地をさがしに行くことを伝えて出かけよう。
③ さがす土地は……
　(1)　みんなが歩いてかちかちになった土。
　(2)　アスファルトや石のすき間から草がはえているような、ちょっと土のある地。
　(3)　植えられた花や木よりも、雑草(イバラ)の多いところ。
　(4)　手入れされた花だんや畑。

④ それぞれの土地を見つけたら……
　表紙に書いてある「やってみよう！」をする。
　●注意…地図のエリアから出ない。
　　人の家には入らない。探険時間を決めておく。
⑤ 教会にもどったら……
　それぞれのグループの結果を発表する。
　「水」が神さまのことばを表すことを伝えて、神さまが求めておられるのはなんなのか、考える。

「毒麦」絵合わせ

✞聖書は……マタイ 13・24〜30

「毒麦」が出てこないようドキドキのゲームです！

「毒麦」のカード

> ☺用意するもの
>
> トランプ（ジョーカーを除くすべて）
> 倉の絵、麻ひも

❖ 進め方

①聖書箇所を読み、ここに出てくる「毒麦」の絵合わせ
　ゲームをすることを説明する。

②絵札（J、Q、K）は「毒麦」、他のカードはすべて「麦」
　とする。

③カードを伏せた状態でよくまぜ、広げる。

④プレイヤーは2枚をめくり、その2枚が同じ数字の
　カードであればその2枚をもらうことができる。め
　くったカードが同じ数字であれば、もう一度プレイで
　きる。2枚が異なる数の場合、カードをもとの位置に
　戻し、次のプレイヤーの番となる。

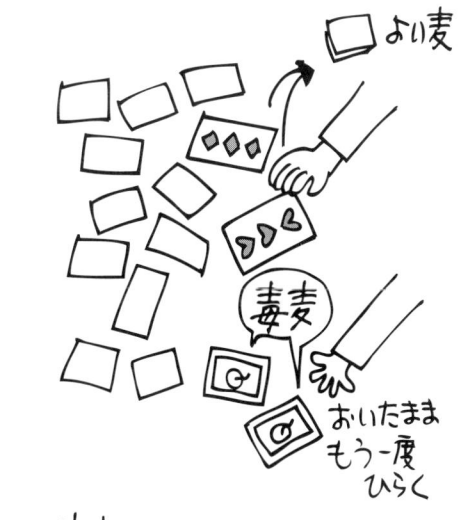

⑤めくったカードが「毒麦」（J、Q、K）で、2枚が同
　じ数であった場合、その2枚はおもてに向けたまま
　場に残しておく。めくったプレイヤーは、もう一度プ
　レイできる。めくったうち毒麦が1枚の時は、2枚と
　ももとの位置に戻す。

⑥取った「麦」カードの枚数が多いプレイヤーの勝ち！

⑦みんなの取った「麦」カードは、倉の絵の上に置く。
　場に残された「毒麦」カードは、ひもでしばる。
　最後にもう一度マタイ13・30を読み、イエスさまは「毒
　麦」を人間の判断では抜いてはいけないと教えられた
　こと、神さまに祈り求めることが大切であることを伝
　える。

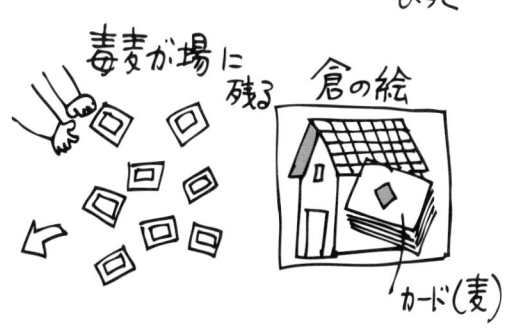

小さな種が育ちます

✝聖書は……マタイ 13・31 ～ 33 ほか

小さな種を育てることをとおして、わたしたちが
いただいている恵みに気づきましょう。

☺ 用意するもの

カラシダネ（クロガラシの種）の写真（本やインターネットでさがしておく）、
ブロッコリースプラウトの種、角型ペットボトル（1.5ℓ～2ℓ）、きりふき、
スポンジ（コットン、ガーゼなど）、カッター、はさみ、テープ、シール、油性ペン

▢ 準備しておくこと

ペットボトルを右図のように、カッターで切っておく。

❖ 進め方

①カラシダネ（クロガラシの種）の写真を見せ、小ささを実感する。大きさが別のものと比較されている画像だとよい。この小さな種の中にもちゃんと命が宿っていることを話す。
②ペットボトルで作った容器を、シールや油性ペンで装飾する。
③中にスポンジを置き、きりふきでまんべんなく水をかける。スポンジの上にブロッコリースプラウトの種を並べる。
④持って帰って育てるか、教会で育てるか、育ったらどうするかを、みんなで決める。
『こどもさんびか 改訂版』9番「めぐみうけて」を賛美しよう。

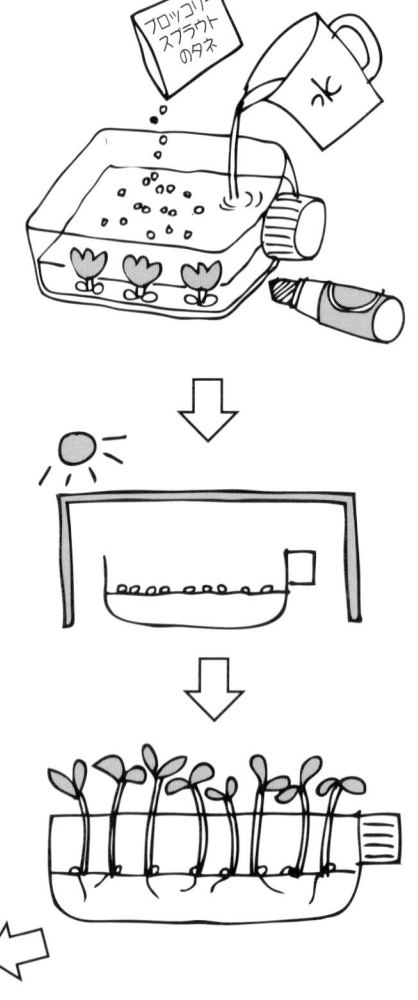

【育て方のポイント】
●芽が出るまでは暗い場所に置き（箱などをかぶせておいてもよい）、芽が出たら明るい場所に置く。
●清潔を保つことが大切。毎日スポンジを容器から出し、容器を洗うこと。
●スポンジが乾いてしまわないように、きりふきなどで水を与える。
●教会で育てる場合、牧師などによく相談や説明をしておく。
●1～2週間ほどで食べられるくらい成長する。

サラダなどにして
食べられますよ！

らくだがとおります

✝聖書は……マタイ 19・23 ～ 26 ほか

「金持ちが天国へ入るよりも、らくだが針の穴を通る方がまだ易しい」。
「らくだ」は、穴をくぐりぬけられるかな？

> ☺ 用意するもの
>
> ゴムとび用のゴム2本
> （長いヘアゴムや、輪ゴムをつなげたものでもよい）

❖ 進め方

①ゴムを持つ人2人を決める。2人は向き合って少しはなれて立つ。両手で
それぞれ2本のゴムの端を握り、ゴムがピンと張るように持つ。

②2人以外の人は、後ろを向く。

③全員で「♪ら・く・だ・が・と・お・り・ま・す〜　上か・下か・まん中
か〜」と歌う。その間、2人はゴムを持った両手を上下に動かす。ゴムの
幅を変えたり、交差させたりと工夫する。歌の最後の「まん中か」の「か
〜」のところで、手をとめてそのまま動かさないようにする。

④くぐる人は後ろを向いたままゴムの方を見ないで、「上」「下」「まん中」
のいずれかをえらんで宣言し、振り返って、えらんだ場所のゴムの間を通
り抜ける。

⑤ゴムにふれないように、うまくくぐり抜けられたり、またいで通れたら
OK。ゴムにふれてしまったら失敗！　ゴムを持つ人と交代する。
もし、跳んだりくぐったりするのがムリな場合は「こうさん」と言って、
交代する。

◉「上」をえらんだ人は、ゴムの上をジャンプしてもよい。「下」をえらんだ人はゴムの下
をくぐる。「まん中」をえらんだ人は、またいだりくぐったりしながらゴムとゴムの間を
通り抜ける。

◉引っかかった時は、持っているゴムをすぐに離す。

イエスと出会った人

十二弟子ビンゴ

✟ 聖書は……ルカ 6・12 〜 16 ほか

ビンゴゲームで、十二弟子の名前を覚えられるかな？

☺ 用意するもの

十二弟子の名前を書いた紙、
マス目を書いた紙、筆記用具、箱

❖ 進め方

① 9マスの表を作り、真ん中のマス目に「ペトロ」と書く。残りの11人の弟子から8人をえらび、空いているマス目に名前を書く（福音書により、名前が異なる場合もある）。
② 11人の弟子の名前を書いた紙を箱に入れる。リーダーは「ペトロ」を最初に読み上げ、あとは箱から自由にえらんで読み上げる。読み上げた名前には○をしていく。
③ たて、よこ、ななめ、どれか一列がビンゴになったら上がり！

ヨハネのマグネットシアター

✟ 聖書は……マタイ 3 章

フィギュアを作って、お話に出てきた人たちを演じよう。

☺ 用意するもの

ホワイトボード、B4画用紙、マグネット、鉛筆、
カラーペン（クレヨン）、はさみ、両面テープ

洗礼者ヨハネ　帯　イエスさま　ファリサイ派　サドカイ派

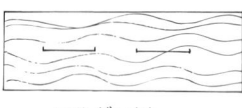

野蜜　いなご　鳩　ヨルダン川

❖ 作り方

① 画用紙に右図を参考に絵を描き、輪郭を切る。
② マグネットを両面テープでうら面につける。

❖ 進め方

① 聖書（マタイ 3・1 〜 12）を輪読する。
② フィギュアをみんなで作る。
③ ホワイトボードを用いて、物語を話しながら以下のようにマグネットシアターを行う。
　「ヨハネは、らくだの毛衣を着、」（毛衣を被せる）
　「腰に革の帯を締め、」（帯を締める）
　「いなごと」（いなごを出す）

「野蜜を食べ物としていた」（野蜜を出す）
「エルサレムとユダヤ全土、ヨルダン川沿いの地方一帯から、人々がヨハネのもとに来て、……洗礼を受けた」（大勢の人々を出す）（ファリサイ派、サドカイ派の人々を出す）
「わたしの後から来る方は、わたしよりも優れておられる。わたしは、その履物をお脱がせする値打ちもない。その方は、聖霊と火であなたたちに洗礼をお授けになる」（イエスさまを出す）
④ 最後に感じたこと、思ったことを自由に話そう。

（アイディア協力・AVACO）

レビれび・ゲーム

✝聖書は……ルカ 5・27 ～ 32

レビはイエスさまに呼ばれるとすぐ「立ち上がり」、したがいました。
その前の箇所から聖書を読んで、隠れているレビを見つけてみよう。

☺ 用意するもの
聖書、筆記用具

🗐 準備しておくこと

リーダー用に、ルカ 5・17 ～ 32 を拡大コピーしておく。
「れ（レ）」「び（ビ）」、「レビ」の箇所をマーカーなどでチェックする。「びょうき」などは、見落としやすいので注意。

みんなは手をあげる

リーダーが朗読する

❖ 進め方

① リーダーは、ルカ 5・17 ～ 32 をゆっくり朗読する。

② 「れ（レ）」と「び（ビ）」が読まれたら、聞く子どもたちが手をあげる。
「ある日のこと、イエスが教えておられると……そしてエルサレムから……」（18節）、「運び込む方法が見つからなかったので……」（19節）などなど。

③ 「レビ」が読まれたら、すぐに立ち上がる。
「レビという徴税人が……」（27節）

④ 「れ」と「び」はイエスさまポイント 1、「レビ」はイエスさまポイント 10 というぐあいに、ポイント制にして競い合うのも楽しいでしょう。

リサイ派の人々と律法の教師たちがそこに座っていた。この人々は、ガリラヤとユダヤのすべての村、そしてエルサレムから来たのである。主の力が働いて、イエスは病気をいやしておられた。¹⁸すると、男たちが中風を患っている人を床に乗せて運んで来て、家の中に入れてイエスの前に置こうとした。¹⁹しかし、群衆に阻まれて、運び込む方法が見つからなかったので、屋根に上って瓦をはがし、人々の真ん中のイエスの前に、病人を床ごとつり降ろした。²⁰イエスはその信仰を見て、「人よ、あなたの罪は赦された」と言われた。²¹ところが、律法学者たちやファリサイ派の人々はあれこれと考え始めた。「神を冒瀆するこの男は何者だ。ただ神のほかに、いったいだれが、罪を赦すことができるだろうか。」²²イエスは、彼らの……。

『聖書 新共同訳』（日本聖書協会）より

やもめも持ってた献金袋？

✝聖書は……ルカ 21・1 〜 4 ほか

貴重なお金をささげたやもめ。
ささげる献金を入れる袋を作ります。

> ☺用意するもの
> 厚手フェルト（コインが入る大きさに丸く切る）…2枚、
> アップリケ用フェルト、ひも、刺しゅう糸、刺しゅう針、
> 接着剤

❖ 作り方

①丸く切ったフェルトにアップリケを飾る
　（縫いつけるか、接着剤で貼る）。

②2枚を合わせて、刺しゅう糸で周りをまつっ
　ていく。上の部分はコインが入るように開けて
　おく。

まつりぬい　　ボタンホール
　　　　　　　ステッチ（オープン）

③首にかけられるように図のようにひもを縫いつける。
　この部分はリーダーが担当してもよい。

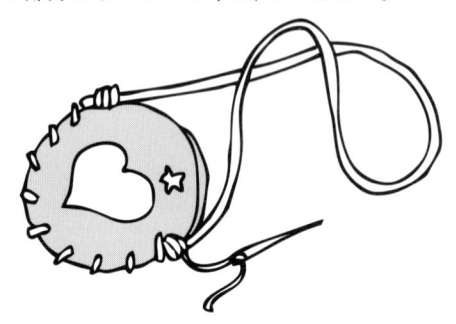

イエスさま、起きて！！ カード

✝聖書は……ルカ 8・22 〜 25 ほか

イエスさまとお弟子さんが舟に乗っていると、
嵐で沈みそうになって……。さあ、たいへん！
イエスさまに助けてもらおう。

☺用意するもの
型紙、はさみ、のり

❖ 作り方

①型紙をコピーし、おもてと
　うらをのりで貼る。切りと
　り線にそって切る。
②お話をする。「嵐だ、大変！
　イエスさま起きてくださ
　い！」。
③下の「遊び方」にしたがい、
　カードをうら返していく。

型紙
200 パーセントに拡大すると A6 になります

——— 切りとり線
- - - - - 谷折り
-·-·-·- 山折り

❖ 遊び方

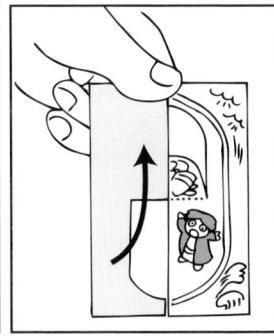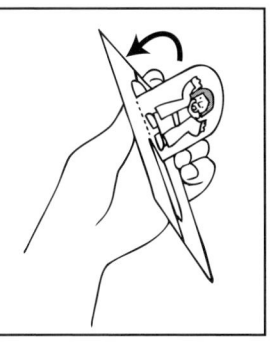

①おもて面を出して持
つ。左半分を下から上
に向かって上げる。

②左半分を完全にひっく
り返す（白い面が出
る）。

③そのまま左方向に反転
させてカードのうら面
を出す。

④できあがり。イエスさ
まが立つと、波は静ま
りました。

イエスの奇跡

湖の上を歩くイエスさま ✝聖書は……ヨハネ 6・16〜21 ほか

水の上を歩くイエスさまのゲームをしよう。

☺ 用意するもの

画用紙（20 × 20 ㎝ くらい）…1 枚「お弟子さんたちの舟の絵」用、
画用紙（8 × 3 ㎝ くらい）…人数分「イエスさま」用、
フロート用発泡スチロール（8 × 6 × 1.5 ㎝ くらい）…数個、
つまようじ、ストロー…人数分、カラーペン、紙やすり、カッター、はさみ、
セロハンテープ、バット（または洗面器やたらい。深すぎないもの）

「イエスさま」と「お弟子さんたちの舟」作り

❖ 作り方

①各自、イエスさまの絵を小さい画用紙に描く。

②お弟子さんたちの舟の絵を大きい画用紙に描く。

③リーダーや大きい子がイエスさまのフロートを作る。切った発泡スチロールの底を紙やすりやカッターでやや舟型にけずる。

④イエスさまを描いた紙をセロハンテープでつまようじにつけ、ゲームの時、フロートにさす。

①  ②

③ 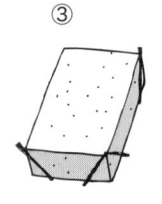 → ④ 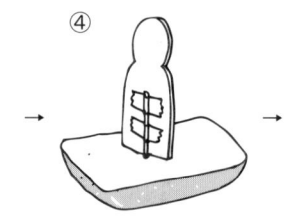 →

水の上を歩くイエスさまゲーム

❖ 進め方

①バットに水を張る。

②スタートとゴールを決め、ゴール地点に「お弟子さんたちの舟の絵」を貼る。

③一度に数人ずつ、各自が作ったイエスさまの紙をフロートにさして、水に浮かべ、ストローで息を吹きかけ、お弟子さんの舟に向かって進める。他の人は応援する。最初にゴールについた人の勝ち。

ガリラヤ湖巡礼すごろく

✝聖書は……マタイ 14・22 ～ 33 ほか

イエスさまが水の上を歩かれたのはガリラヤ湖でした。
ガリラヤ湖の周りをめぐり、イエスさまの歩いた道をたどろう。

☺用意するもの

サイコロ、コマ…人数分、地図（右図を拡大する）、
❶～❽のポイントにちなんだイラストカード

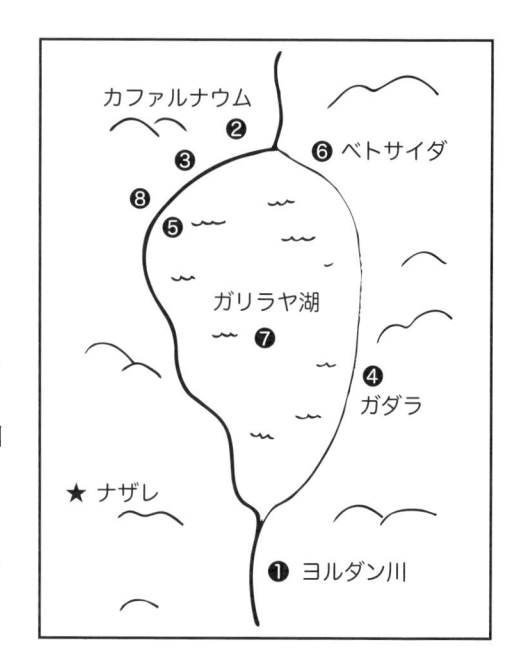

❖進め方

①スタート地点（ナザレ）に全員のコマを置く。
②サイコロを振って偶数（2、4、6）が出たらコマを1つ進める。
　奇数（1、3、5）が出たらそのまま止まる。
③止まったポイントでリーダーからイラストを受け取り、地図
　の番号の上に置く。
④イラストをヒントに、どのお話のことか予想する。
⑤イラストの意味を知るために、その聖書箇所を子どもが読む。
⑥次の人がサイコロを振る。
⑦全員が❽のゴールに到着したら終了。

イラストカードの絵サンプル

     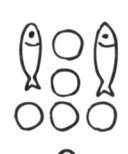  

ポイント	できごと	聖書	場所	イラスト例
❶	洗礼者ヨハネから洗礼を受ける	マタイ 3・13 ～ 17	ヨルダン川	鳩
❷	4人の漁師を弟子にする	マタイ 4・18 ～ 22	カファルナウム	網
❸	山上の説教を始める	マタイ 5・1 ～ 12	カファルナウム近郊	山
❹	悪霊にとりつかれた人をいやす	マタイ 8・28 ～ 34	ガダラ	豚
❺	湖のほとりで教え始める	マタイ 13・1 ～ 9	ガリラヤ湖畔	麦
❻	5000人に食べ物を与える	マタイ 14・13 ～ 21	ベトサイダ	パンと魚
❼	湖の上を歩く	マタイ 14・22 ～ 33	ガリラヤ湖畔	足
❽	復活後、7人の弟子に現れる	ヨハネ 21・1 ～ 4	ガリラヤ湖畔	舟

イエスのことば

幸いの教え百人一首

✝ 聖書は……マタイ 5・3 〜 12

百人一首のようにして遊びながら、聖句を覚えよう。

☺ 用意するもの

読み札用カード…8 枚、取り札用カード…8 枚
（はがきサイズがおすすめ。人数にあわせて数を増減する）、
カラーペン、色鉛筆など

❖ 作り方

①マタイ 5・3 〜 10 の各節（八福）をそれぞれのカード（読み札用、取り札用）に書く。

②読み札用のカードには、各節のすべてを書く。低学年にもわかるように、漢字にはルビをふる。

③取り札用のカードには、各節の後半部（下の句。《取り札の見本》を参照）をすべてひらがなで書き込む。節に似合ったイメージの絵を描く。

❖ 遊び方

読み手を決め、百人一首のようにして遊ぶ。

聖句を覚えていたら、前半部が読まれているうちに取ることができるよ！

取り札

読み札

例）マタイ 5・3
読み札
「心の貧しい人々は、幸いである、天の国はその人たちのものである。」
取り札
「てんのくにはそのひとたちのものである」

《取り札の見本》
3 節「てんのくにはそのひとたちのものである」
4 節「そのひとたちはなぐさめられる」
5 節「そのひとたちはちをうけつぐ」
6 節「そのひとたちはみたされる」
7 節「そのひとたちはあわれみをうける」
8 節「そのひとたちはかみをみる」
9 節「そのひとたちはかみのことよばれる」
10 節「てんのくにはそのひとたちのものである」

みことばを完成させよ！

ちょっと難しいワードパズルに挑戦！

✞聖書は……マタイ 4・1 ～ 11

☺ 用意するもの
紙、ペン、封筒、聖書

⬜ 準備しておくこと

①紙に、以下のことばを書き、切っておく。虫食い部分のスペースをあける。

②カードを封筒に入れる。低学年用には、文章ごとに封筒に。高学年用はすべてをまぜて１つの封筒に入れておく。

- 人は　　　　だけで　生きるもの　　　　　　。

- 神の　　　から出るひとつひとつの　　　　で生きる。

- あなたの　　　　である　　を　　してはならない。

- あなたの神である　　　を拝み、ただ　　に　　えよ。

❖ 進め方

①３～４人のグループをつくる。

②封筒の中のカードを正しい順序に並べ替え、足りないことばは書き足す。

③聖書箇所（マタイ 4・1 ～ 11）を読む。

④自分たちで作ったものと比べてみる。

⑤「人はパンだけで生きるのではなく、神さまからのことばをいただいて生きる」と力強く言われたイエスさまの姿を思い起こす。

低学年用には、虫食いがないものを用意してもよい。

高学年は虫食いを自分たちでうめよう。
どんな聖句ができちゃうかな？

イエスのことば

紙粘土 de こひつじ

🕆 聖書は……ヨハネ 1・29 ほか

たびたびイエスさまがたとえられる「こひつじ」。
紙粘土と毛糸で、かわいいこひつじが作れます。

> ☺ 用意するもの
>
> 紙粘土、白やベージュなどの毛糸
> （糸がもこもこしているもの）、
> 木工用接着剤、こひつじの写真や絵

❖ 作り方

①みんなに本物の「こひつじ」の写真や絵を
　見せる。

②各自、紙粘土でこひつじのかたちを作る(実
　物よりも足を短くするとよい)。

③毛糸を②のこひつじのからだ全体に巻きつ
　けていく。最後は毛糸に接着剤をたらして
　とめる。

④頭の上に、丸めた毛糸を接着剤で貼るのが
　ポイント。

◉粘土が乾かなくても、紙に包んで持って帰れます。

①こひつじの写真

②紙粘土で作った
こひつじのかたち

正面から見たところ

④こひつじのできあがり。頭の毛は別につける。

クイズ 「地の塩、世の光」

✝聖書は……マタイ 5・13 〜 16

聖書箇所をよく読んで、クイズにトライしてみよう。

☺用意するもの
このページのコピー…人数分

❖進め方

①なんて書いてあるのかな？　暗号を解いて
答えよう。

の	た	は
な	地	た
塩	が	あ

＊ ヒント
このじゅんばんでよめ

②暗号を解こう。

ましあむなしたむまがしたまは
し世しのむ光までまむあむるし

＊ ヒント：「まむし」をとりのぞけ

解答らん

① _____

② _____

神殿？ ……イエスさま！

✝聖書は……ヨハネ 2・13 ～ 22

イエスさまはご自分の体を神殿であると言われました。
神殿を開くとイエスさまが出てくるカードです。

☺ 用意するもの
紙、鉛筆（ペン）

折り方

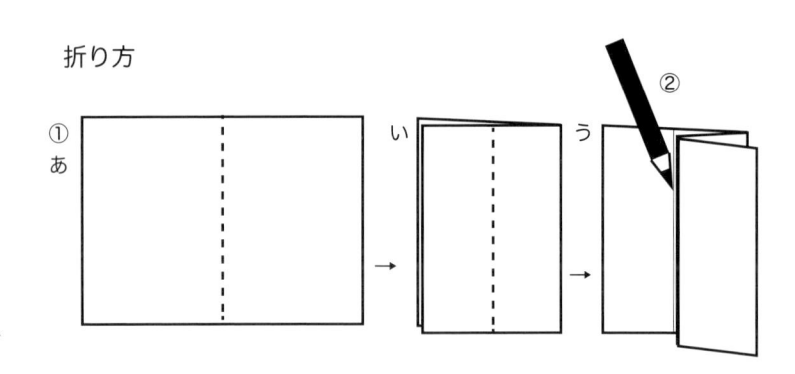

❖ 作り方

①右のように紙を折る。

②たたんだら、「う」図のように鉛筆で
　うすく線をひいておく。

③紙を初めのように開いて、真ん中にイ
　エスさまの絵と「復活のイエス」の文
　字を書く。

絵の描き方

④紙をもう一度「う」図のように折り、
　おもてに神殿の絵を描く。

⑤神殿の絵が描いてある絵の両端を開く
　と、「復活のイエス」がパッ！と出て
　くる。

神殿

イエスさま

イエスさまが永遠の命　　♰聖書は……ヨハネ6章ほか

イエスさまはご自分を「永遠の命」とも言われます。
ゲームをとおして、「永遠の命」を感じよう。

> ☺用意するもの
>
> 聖書、紙、ペン、鉛筆

聖書から「永遠の命」をさがせ！（大きい子向け）

❖ 進め方

①3〜4人のグループに分かれる。

②時間を決めて、ヨハネ6・22〜71の中の「永遠の命」
　ということばを調べて、何節にあるかを書き出してみる。
　「命」がつく他のことばも調べて、節とそのことばを書
　く（たとえば「命のパン」が出てくる）。

③いくつあったか数えてみる。

あった！「永遠の命」27節だよ！

OK！書きます！

「いのち」のカードゲーム（小さい子向け）

🗒 準備しておくこと

ヨハネによる福音書に出てくる、「いのち」のつくことば（え
いえんのいのち、いのちのパン、いのちのみず、ふっかつ
のいのちなど）と、そのことばにあったマークを書いた2
枚1組のカードを作っておく。

❖ 進め方

①すべてのカードをうら返しにする。

②カードを1回につき2枚めくる。同じカードが出たら、
　カードをもらえる。

いのちのみず

ふっかつのいのち

いのちのぱん

えいえんのいのち

イエスのことば

永遠の輪

✝ 聖書は……ヨハネ6章ほか、
「永遠」が出てくる箇所

「永遠」はわたしたちの想像をこえた世界にあります。
でもメビウスの輪を作ったら、少しはイメージできるかな？

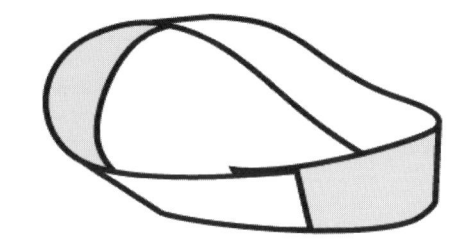

> ☺ 用意するもの
>
> おもてとうらの色が異なる紙（包装紙など）、
> のり、はさみ、カラーペン

▢ 準備しておくこと

・リーダー見本用……紙を幅5㎝、長さ80〜
100㎝にカットしたものを3本用意する。
・子ども体験用…長さがリーダー用の半分くらい
のものを必要な分用意する。

❖ 進め方

① 「永遠」の説明をする。「終わりがなくて、ずーっと続く
ということなんだよ」。

② 1本の長い紙をテーブルや床に置く。
端にペンを置き、「じゃ、ここからスタートするよ」と言
いながら、紙の中央あたりにペンで線を引いていく。もう
一方の端に来ると、それ以上ペンは進められない。「これ
で終わり。これは永遠じゃないね。どうすればいい？」

③ 2番目の紙。端と端をのりで貼りつけ、輪にする。
スタート位置を決めたら、紙の中央部分に線を引いていく。
「これならいつまでも書いていられるね。でもこのペン、
うら側にはいけないよ」と言いながら、輪の内側を見せる。

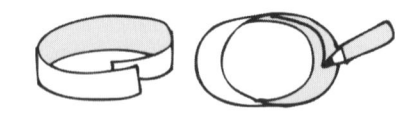

④ 3番目の紙。輪にする際、半回転だけひねってのりづけ
する（メビウスの輪を作る）。スタート位置から、紙の中
央部分に線を引いていく。こんどは線が紙のうら側にも描
かれ、ずっといつまでも紙をなぞっていられる。

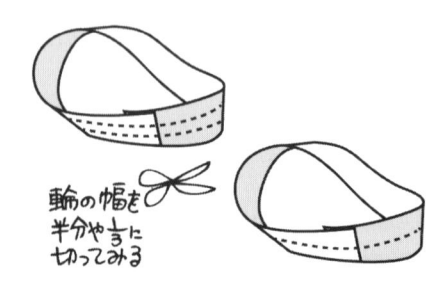

輪の幅を
半分や$\frac{1}{3}$に
切ってみる

⑤ みんなにも紙を渡して、各自で実際にメビウスの輪を作り、
線を引いてみる。

信じる者になりなさい

✝聖書は……ヨハネ 20・24 ～ 29

手のひらにのせたコインは、十字架の釘の跡のよう。
イエスさまのことばを聞いて、信じる者になれるかな？

☺用意するもの

10 円玉などのコイン、
またはコインに見立てた円盤など…1 枚

❖進め方

① 2 つのチームに分かれ、トマスチーム（見つける側）
とイエスチーム（隠す側）を決める。

②イエスチームは一列に並び、端からコイン回しをす
る。だれが持っているかわからないように、ポーカー
フェースで最後まで回す。最後まで行ったら、イエ
スチームは声をそろえて、「信じる者になりなさい」
と言いながら両手を前に出す。

③疑い深いトマスチームは、みんなの表情や手の握り
ぐあいを見ながら、チームで相談してコインを持っ
ている手を残し、コインのない手から順番に当てて
開いてもらう。

④チームを交替して、もう一度行う。

●聖書のことばは、箇所から自由にえらんでください。

使徒たち

ことばをさがせ！

✝聖書は……使徒 11・19〜26

聖書にかいてある国や町って、どこにあるの？？
なじみのない地名やことばに親しもう。

クイズ「ハチの巣ことばさがし」

❖ 進め方

使徒 11・19〜26 に出てくる右のことばを、
ハチの巣の中からさがして囲んでね。
ななめ、下から上、右から左……、
いろいろなところに隠れている
ことばを見つけましょう！
同じ文字は 1 回しか
使えません。

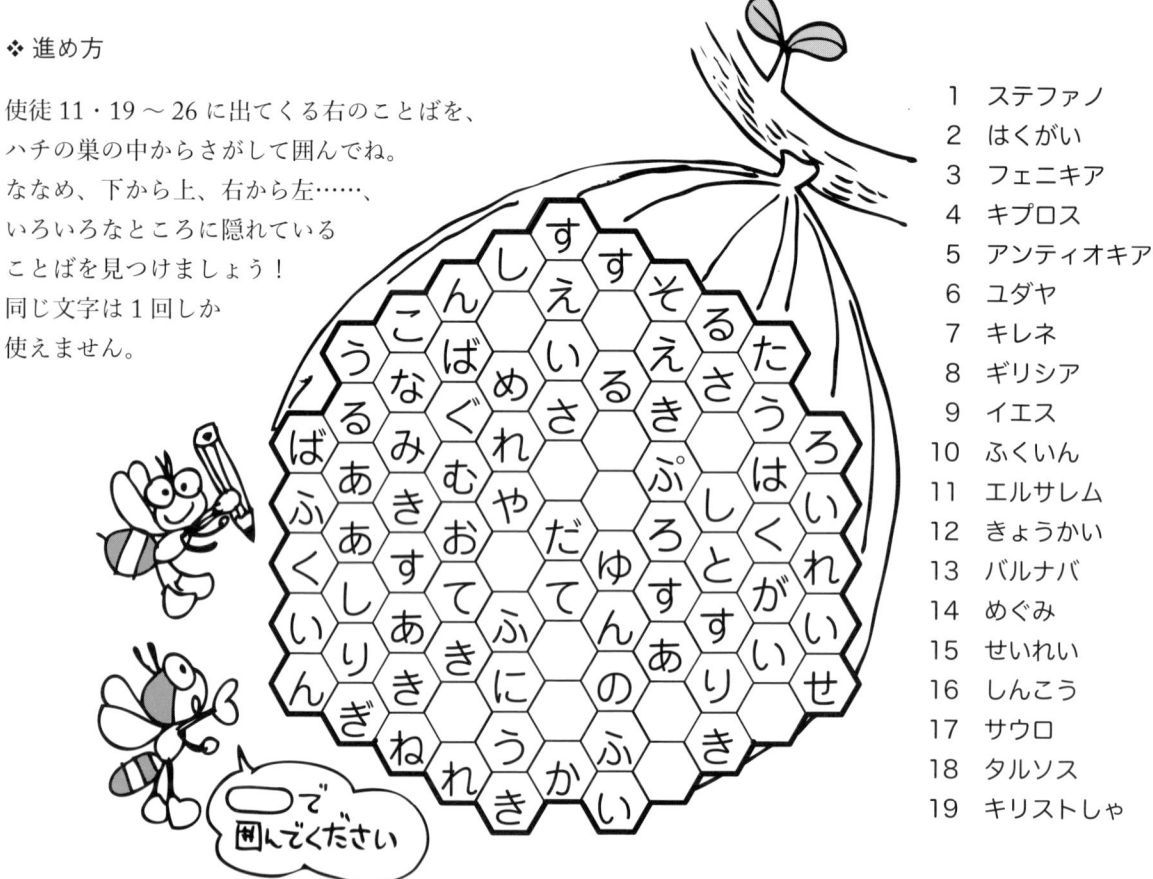

で囲んでください

1　ステファノ
2　はくがい
3　フェニキア
4　キプロス
5　アンティオキア
6　ユダヤ
7　キレネ
8　ギリシア
9　イエス
10　ふくいん
11　エルサレム
12　きょうかい
13　バルナバ
14　めぐみ
15　せいれい
16　しんこう
17　サウロ
18　タルソス
19　キリストしゃ

ゲーム「どの場所？　どこの国？」

❖ 進め方

聖書に出てくる地名の場所がどこか、地図で確かめてみましょう。
パウロは伝道の旅でどのような場所に行ったのでしょう？
国や場所の名をいくつ言えたかを競争しても楽しいですね！

●石橋えり子『パウロの伝道の旅 地図』（教文館）も参考になります。

めざせ、サマリア

✝ 聖書は……使徒 8 章

逃げて散らされた場所で、福音を告げ知らせていたフィリポたち。
フィリポはめざすサマリアへと無事にたどりつけるでしょうか。

● 拡大コピーをして、子どもたちに配ってください。

そうすれば……

✝ 聖書は……使徒 16・25 〜 34

「主イエスを信じなさい。そうすればあなたもあなたの家族も救われます」。
なにをすればどんなことが起こるのか、クイズを作って考えよう！

❖ 進め方

①右図のような表の枠だけのものを作っておいて配る。左側には「〜しなさい」、真ん中には「そうすれば」、右側には「あなたも〜も〜になります」とランダムに書く。その中の 1 つは使徒 16・31 の聖句を入れる。意味がつながるようにすること。自分で考えるのが難しい年齢の場合は、リーダーがあらかじめ書いておく。

②友だちに渡して、クイズをといてもらおう。左と右の文章がつながるように線でむすぶ。

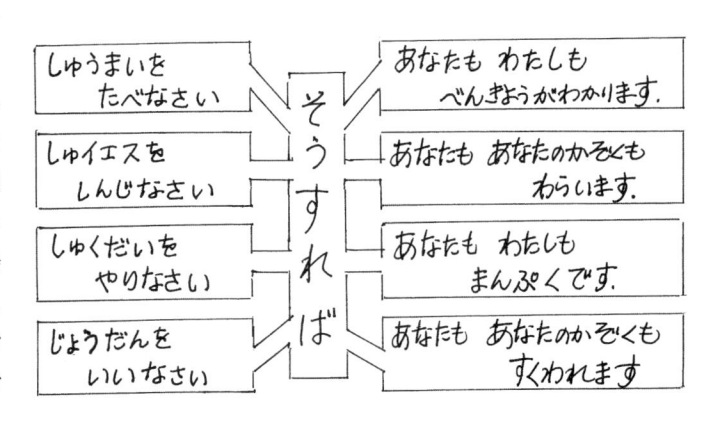

使徒たち

体はひとつ

✞聖書は……1 コリント 12・12 ～ 31

体は多くの部分から成り、そのすべてが大事だという
ことを体験します。

> ☺ 用意するもの
>
> ボール紙や段ボール、はさみ、カッター、
> 目打ち、たこ糸、色えんぴつやクレヨン

☐ 準備しておくこと

①みことば（1 コリント 12・12）と設計図を
　描いて巻物にしておく。
②設計図のように人形の各パーツをボール紙
　（段ボール）で作り、切る。
　頭部＝1、上腕＝2、前腕＝2、手のひら＝2、
　胴体＝1、大腿＝2、下腿＝2、足の甲＝2
③全パーツに糸を通す穴をあけ、うら面には、
　つなげるパーツどうしがわかるように記号を
　ふる。

❖ 進め方

①パーツをみんなに配る。記号を塗りつぶしてし
　まわないように注意して、両面を色塗りする。
　色は自由。パーツごとに違う色で塗られている
　と楽しい。

②今日の聖書のみことばと、設計図が書かれた巻
　物を取りだす。

③パーツを記号で合わせてたこ糸でつないでい
　く。ぶらぶらになるよう、糸に余裕をもたせる。

④設計図にしたがい、あやつり糸を通す。

⑤少し高いところに乗って、あやつり糸の端を持
　つ。だれかがポーズをとって、人形にマネさせ
　てみよう。

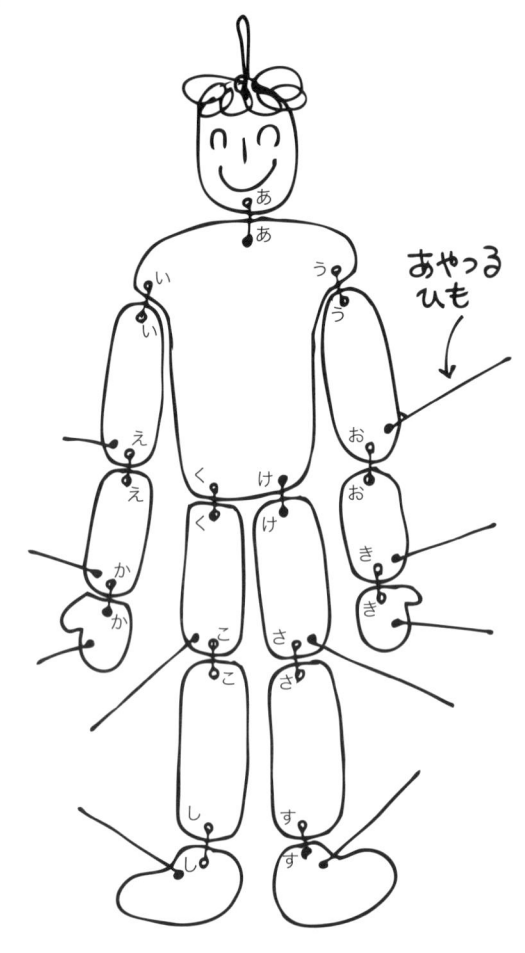

あやつる
ひも

設計図

●中心の支えを背の高いリーダーが持ってかかげましょう。

教会暦・行事編

手作りの作品で教会暦をお祝いしたり、または心をこめたプレゼントで、いつも大切にしてくれている人たちに感謝をあらわしたり……。 季節にあった活動は、いつも以上にうれしい特別なもの。時にかなってそそがれる恵みを心に刻みましょう！

松ぼっくり de ツリー&ベル

クリスマスを待ちながら……プレゼントの準備にも！

ツリー

ベル

❖ 作り方

①紙コップに絵を描き、底に穴をあける。
②松ぼっくりにたこ糸をつける。
③ ②のたこ糸を紙コップの内側から通し、ふちから松ぼっくりが見えるよう、またベルらしく動かすために、たこ糸の長さを調整し、コップの外側にセロハンテープでとめる。
④リボンなどでデコレーションする。

❖ 作り方

①松ぼっくりを逆さにし、ツリーの台にのせて、接着剤でとめる。
②マニキュアなどで色づけをしてビーズなどで飾る。

●市販の松ぼっくりはそのまま使用。拾ってきた松ぼっくりは、虫やゴミが入っている場合があるので、洗って乾かしておく。

クリスマスの窓飾り

透ける光がきれいなリースです。

❖ 作り方

①クリアファイルを広げ、リース型に丸く切って土台にする。
②薄紙を半分に折り、ひいらぎの葉半分のかたちに切って広げる。
③彩りを考えながら、葉をリース土台にセロハンテープで貼る。
④できあがったら窓ガラスに貼って、透ける光を楽しむ。

①

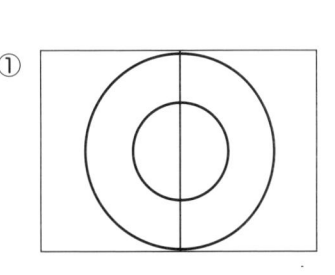

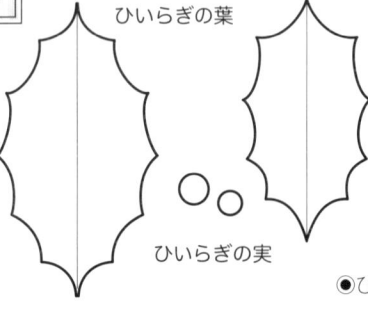

ひいらぎの葉

ひいらぎの実

●ひいらぎの葉は、同系色の紙で作るとキレイ！

フェルト de オーナメント

クリスマスのシンボルや好きなものをツリーに飾ろう。

☺ 用意するもの

いろいろな色のフェルト、
木工用接着剤、細めのリボン、
はさみ（紙用、フェルト用）、
毛糸（ひつじ用）、糸、針、
型紙用の紙、筆記用具、油性ペン

❖ 作り方

①自分が作りたいオーナメントのデザインを
　考えて紙に書き、はさみで切り抜いて型紙
　を作る。

②型紙をフェルトにのせて、型にあわせて線
　を引き、それぞれ2枚ずつ切り抜く。

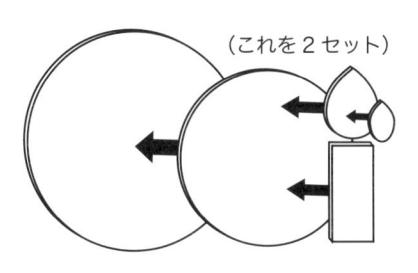

（これを2セット）

③ ②で切り抜いたフェルトの間に、適当な
　長さに切った細いリボンを半分にしてはさ
　み、木工用接着剤で貼り合わせる。

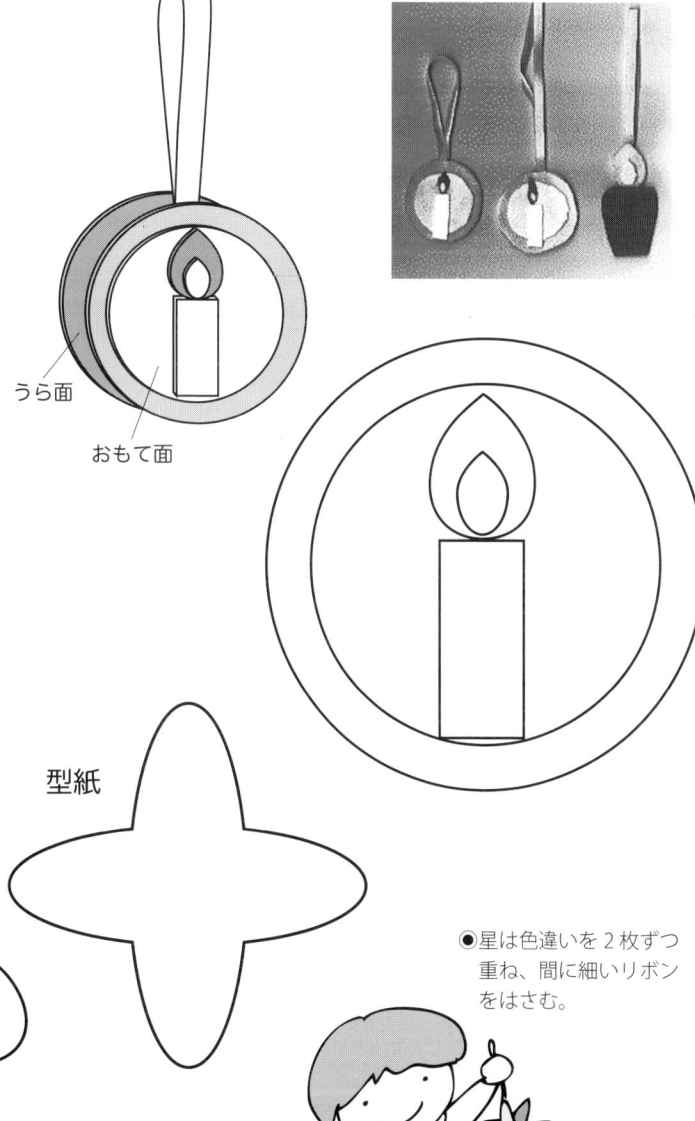

うら面

おもて面

型紙

●星は色違いを2枚ずつ
　重ね、間に細いリボン
　をはさむ。

●ひつじの頭には毛糸を貼り、
　ペンや縫い糸で目をつける。

47

すてきなクリスマスガーランド

ガーランドを壁や窓にかけて飾ると、
とっても華やかですてきなお部屋になりますよ！

> ☺ **用意するもの**
> いろいろな色のフェルト、
> 細いリボン、布用はさみ、
> 木工用接着剤

❖ **作り方**

① いろいろな色フェルトで、
「メリークリスマス」
「MERRY　CHRISTMAS（英語）」
「JOYEUX　NOEL（フランス語）」
といったフレーズの文字を切り抜く。

② 円形に切り抜いたフェルトを、1文字につき
2枚ずつそろえる（8文字だったら、16枚用
意する）。

③ 2枚のフェルトの間に細いリボンをはさみ
込み、木工用接着剤で貼り合わせる。文字が
ひっくり返らないように、なるべく上の方に
リボンをはさむとよい。

④ ①で切り抜いたフェルトの文字を、木工用
接着剤で③のおもて面に順番に貼りつける。

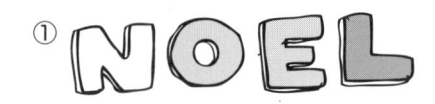

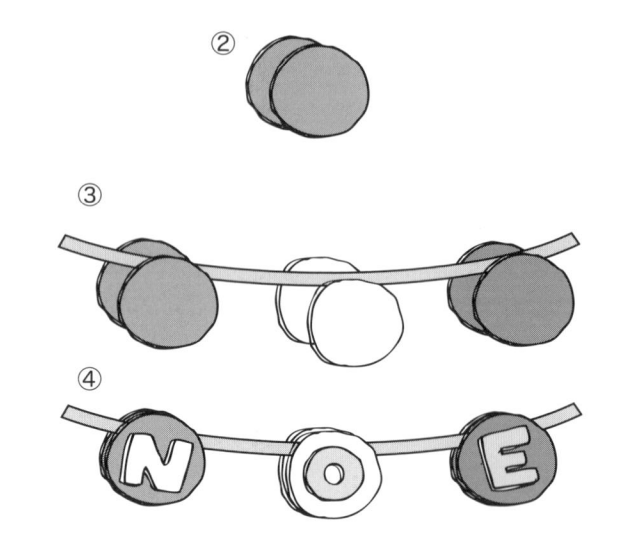

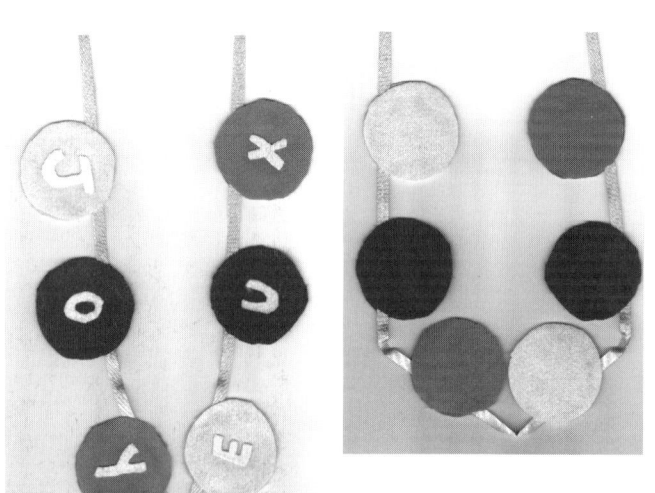

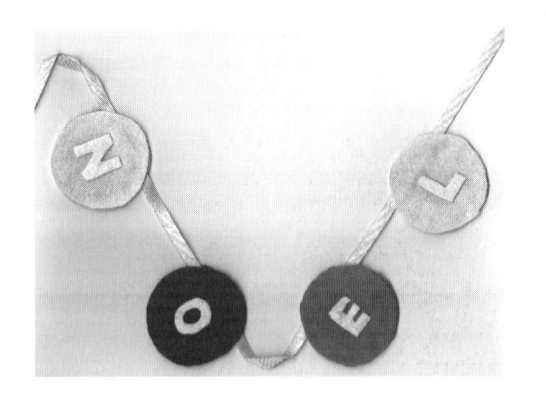

とびだすクリスマスカード

クリスマスの喜びをみんなに伝えよう！

☺ 用意するもの

白画用紙（13 × 18 ㎝）、
緑画用紙（13 × 18 ㎝）、
赤画用紙（14.5 × 20 ㎝）、
金紙、トレーシングペーパー、
のり、はさみ、カッター、
2B くらいの鉛筆

❖ 作り方

①型紙にトレーシングペーパーをあて、鉛筆
　でなぞる。

②なぞったトレーシングペーパーをうら返
　し、緑の画用紙を半分に折って、もみの木
　を描く。白の画用紙も半分に折って教会を
　描く（または、画用紙に直接コピーしてお
　く）。

③カッターで実線のところを切る（点線の所

は切らない）。

④教会のドアの中心線は谷折りにする。ドア
　の外側は山折りに。

⑤教会の窓の部分はカッターで切り抜き、後
　ろから金紙をのりで貼る。

⑥教会の建物と背景の間にもみの木をはさ
　み、のりで貼る。

⑦台紙の赤の画用紙に貼りつけ完成。

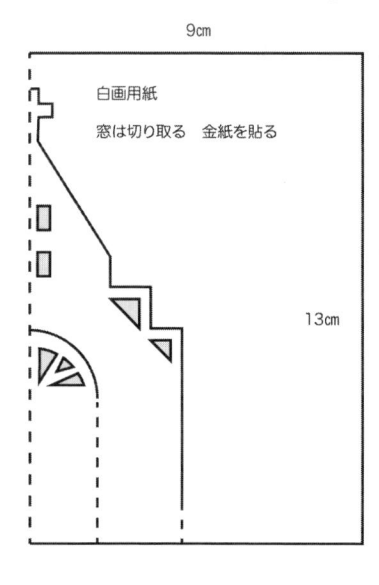

9cm

白画用紙

窓は切り取る　金紙を貼る

13cm

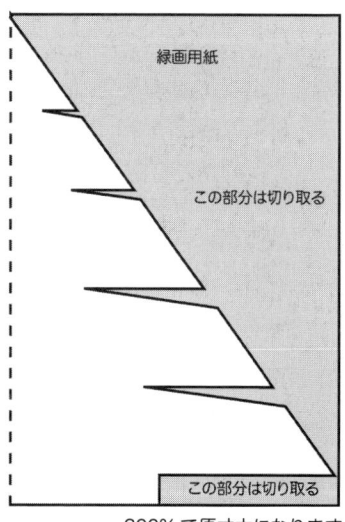

緑画用紙

この部分は切り取る

この部分は切り取る

200% で原寸大になります

わたしたちの献金箱

✟ 聖書は……マタイ 2・1 ～ 12

星に導かれて長い旅を続けた占星術の学者のように、クリスマスの献金もアドベントの間に準備して、心をこめてささげよう。

❖ 進め方

献金先を決めよう！

> ☺ 用意するもの
> 黄金、乳香、没薬の写真、資料、「全国教会学校クリスマス献金」や「平和のきずな献金」、その他の献金送付先の写真、資料

①マタイによる福音書 2 章の出来事を読む。
②占星術の学者たちがささげた黄金、乳香、没薬の贈りものは、どんなものだったか調べてみる。
③日本基督教団教育委員会の「全国教会学校クリスマス献金」や日本キリスト教協議会の「平和のきずな献金」の資料などを見ながら、献金の送り先を話し合って決める。

献金の約束を決めてささげよう！

①アドベントの期間中、クリスマスにささげる献金を、どのようにして準備するか考える（好きなものをがまんしておこづかいを貯める、手伝いのおだちんをもらう、など）。
②献金箱を作ったら、献金を入れてささげる。

献金箱を作ろう！

> ☺ 用意するもの
> 宝物の入れ物らしいかたちの容器（よく洗ったビン、缶、紙箱など）、紙粘土、包装紙、折り紙、ビー玉、ビーズ、スパンコール、リボン、毛糸、その他装飾材料、カッター、はさみ、のり、接着剤

①黄金、乳香、没薬の贈りもののうちの 1 つと、それにあった容器をえらぶ。
②それぞれの容器に献金を入れることができる口を開けてから、宝の箱らしく飾る。

> 乳香のつぼ
> （ビン＋紙粘土＋ビー玉＋ビーズ）

> 没薬の容器
> （プルトップ空き缶＋折り紙＋スパンコール＋シール＋リボン）

献金箱の例

> 黄金
> （箱＋包装紙＋リボン）

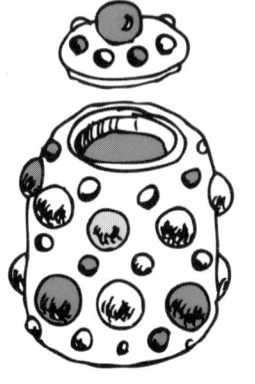

レントカレンダー

レントの日曜日は6回。受難のシンボルを用いた
主日カレンダーで、イエスさまの苦しみをおぼえよう。

☐ 準備しておくこと

①厚めの台紙（A4）に、灰の水曜日とレント
　期間の6主日、イースターの枠を印刷してお
　く（イラスト参照）。上部にはタイトルを書
　き込むので、スペースをとっておこう。
②右図を参考に、枠のサイズにあわせて受難の
　シンボルとその意味を記したカード（または
　シール）を作る。

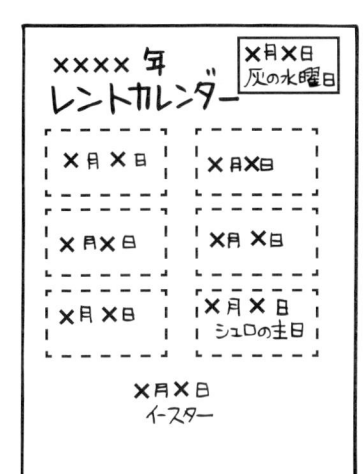

●空いているところに
　絵などを描く。

●シンボルのカード
　は、枠のサイズに
　あわせて作る。

❖ 進め方

①灰の水曜日前の日曜日、その週の水曜日か
　らレントに入ることを伝えて台紙を配る。
②「××××年レントカレンダー」とタイト
　ルを記入。
③それぞれのマスに日付を書き込み、教会暦
　カレンダーを調べて、「灰の水曜日」、「棕
　櫚の主日」、「イースター」と書く。
④灰の水曜日のマスを紫色に塗る。
⑤次週より、カードをそれぞれのマスに貼っ
　ていく。

シンボルの例

	**子ロバ** イエスさまは子ロバに乗って、エルサレムの町に入りました。
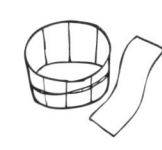	**たらいとタオル** イエスさまは、弟子たちの足を洗い、たがいに仕え合いなさいとおっしゃいました。
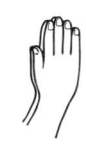	**祈りの手** オリーブ山に登られたイエスさまは、苦しみながら、神さまにお祈りをささげました。
	**にわとり** 弟子のペトロが、イエスさまを知らないと3度言ったとき、にわとりが鳴きました。
	**いばらのかんむり** 捕らえられたイエスさまはいばらのかんむりをかぶせられ、十字架をせおって歩かされました。
	**十字架** 十字架につけられたイエスさまは、苦しみながら息を引き取りました。

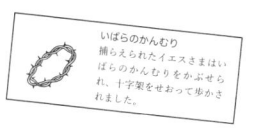

ビーズの十字架のしおり

いつも十字架と一緒！
聖書やさんびかにはさんで。

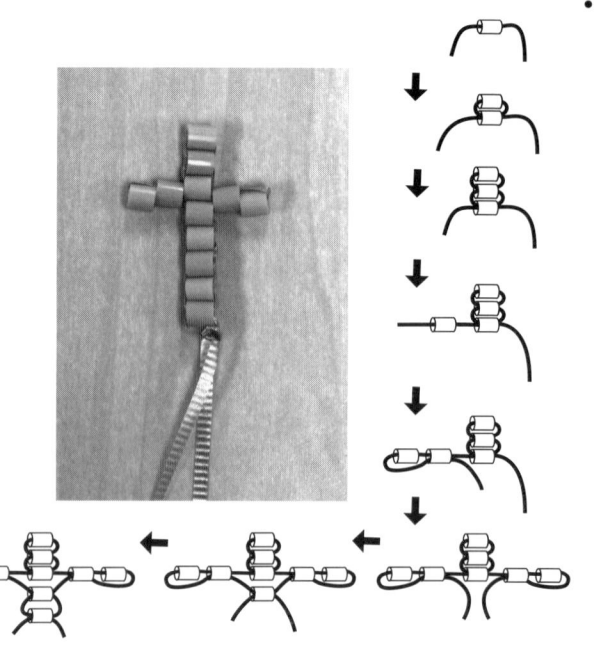

> ☺ 用意するもの（十字架1個分）
> 極細リボン…60〜80㎝、
> アイロンビーズなど穴が大きい
> ビーズ…12個くらい

❖ 作り方

① リボンの中心にビーズを1つ通す。

② 2つ目のビーズにリボンを左右から通す。
　3つ目のビーズも同様に。

③ 4つ目は、1本のリボンに通す。

④ もう1つビーズを通し、4つ目のビーズ
　にもう1度リボンを通す。右側も同じよ
　うにビーズを通す。

⑤ 左右2つずつ通したら、両方向から1つ
　のビーズにリボンを通す。同様に、4つも
　しくは5つのビーズに、両方向からリボ
　ンを通す。最後にリボンを結ぶ。

　（しおりとして使う場合には、本から十字
　架を出してはさむようにする。）

棕梠の主日に

✞聖書は……マタイ21・1〜11 ほか

棕梠の葉を作って、わたしたちの救い主をお迎えしよう。

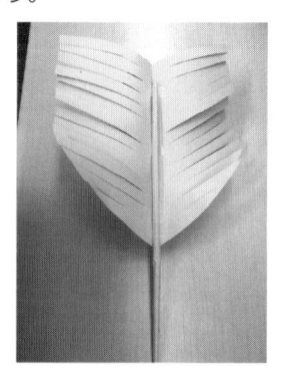

> ☺ 用意するもの
> 緑色の画用紙（八つ切り）…1人1枚半、
> 鉛筆、はさみ、セロハンテープ、割りばし

❖ 作り方

① 緑色の画用紙を縦半分に折り、葉の半分の
　かたちを描き、切り込みを入れる。

② ①の残りの画用紙を細く巻き、茎に見立
　てる。葉をセロハンテープで固定する。茎
　の中に割りばしを入れるとしっかりする。

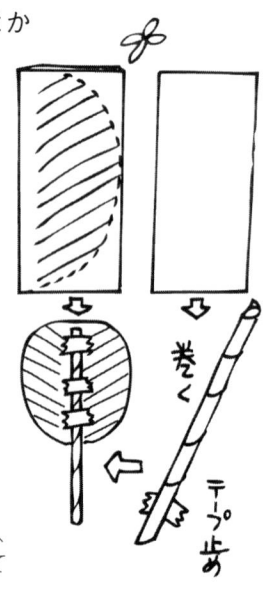

◉ 可能であればおとなの礼拝に参加して、
　子どもたちに棕梠の葉を持って入場して
　もらうのはいかがでしょうか？

バラバを釈放！

✝聖書は……マタイ 27・15 ～ 26 ほか

ピラトの前で開かれる裁判。
釈放されるのはイエスさま？　それとも、バラバ？
さあ、ピラトのことばをしっかり聞いて！

ピラト

❖ 進め方

① 3人で1組になる。1人だけどの組にも入らないようにして、その1人が、指示を出す役のピラトになる。

② 3人組のうち2人は牢屋の番人、もう1人はバラバになる。牢屋は、両手をつないで輪をつくり、バラバはその中に入る。

　　　　番人　　バラバ　　番人

③ ピラトの指示で、移動する。

・「バラバ！」とピラトが言ったら、バラバは他の番人の人のもとへ移動する。

・ピラトが「牢屋！」と言ったら、番人の人たちはつないでいた手をはなして、立っている他のバラバのところに行って牢屋を作る。

・ピラトが「イエス！」と言ったら、みんなが解放される。全員がバラバラになって新しく3人1組を作って、番人とバラバになる。

ピラトは、指示を出したら、急いで空いているところに入る。

④ あまった1人が次のピラトになって、ゲームを続ける。

タングラムの十字架パズル

知恵をつくして、パズルを組み立てよう。
どんなかたちができるかな？

😊**用意するもの**
　厚手の画用紙（または厚紙とのり）、はさみ

▢ **準備しておくこと**

見本図を拡大して画用紙にコピーするか、
コピーした見本図を厚紙にのりづけする。

●どちらのパズルも十字架が作れますが、
　その他のかたちは別々のものができあがります。

❖ **進め方**

①線にそってはさみで切り分ける。
②まずは「十字架」を作ろう。他にどんなか
　たちができるかな？　うらおもてはないの
　で、自由に動かしてチャレンジしよう。

タングラム A

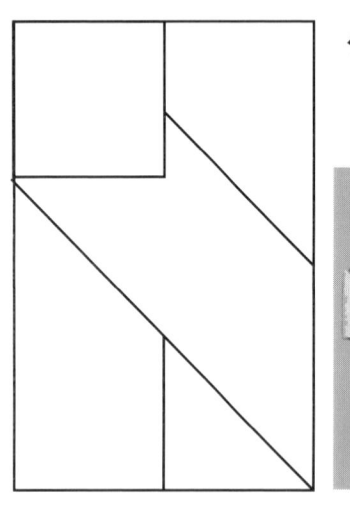

十字架

タングラム B

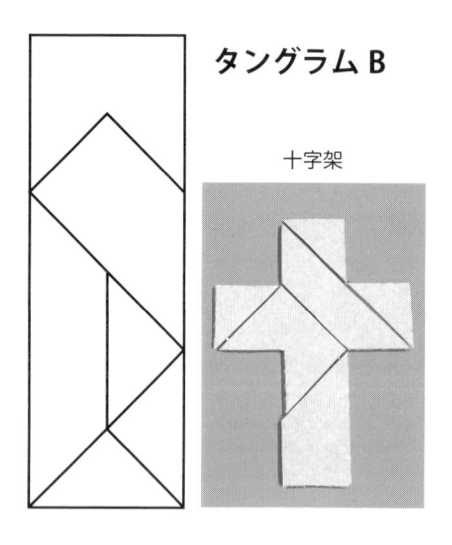

十字架

パッチンカメラでパチリ！

シャッターを引くと、ふしぎ！　よみがえられたイエスさまがうつります！

☺用意するもの
1 ℓ紙パック、たこ糸…30 cm、
カッター、定規、目打ち、
カラーペン、ホチキス

❖作り方

①紙パックの底から、9
cm の高さに線を引く。
幅1 cm を残して、カッ
ターで窓を切り抜く
（継ぎ目のない面。切
り抜いた部分は捨てな
い）。線を引いた9 cm
の高さで2つに切る。

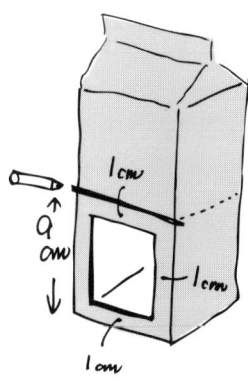

②切りとったパックの上半分を平らに開き、
図のように紙パックの大きさにあわせて切
りとる。白い面に AB 二つの絵を描く。

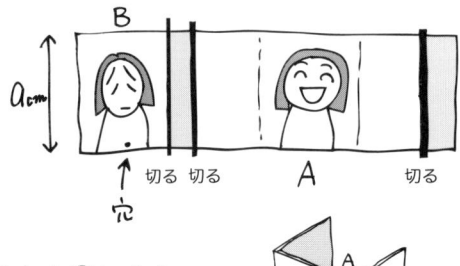

③A を①に入れ
てホチキスで固
定する（窓と絵
の 間 に 2 cm く
らい空間を残す
こと）。
底の中央に穴を
あける。

④窓を切った残りの紙に十字を描く。

⑤B の下部の穴にたこ糸を通し固定する。
糸のもう一方を箱の底の穴に通して、出た糸
の先に④の紙をつける。これがシャッター。
B の絵の糸を図のように A の上にわたして、
窓の前にセットする。

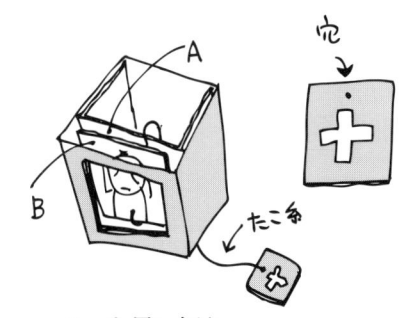

⑥シャッターを思い切り
引っ張ってみよう！
A の絵が出たかな？

復　活

ECO なイースターエッグ袋

卵を飾りつける代わりに、
きれいな袋を作って収めます。
はぎれで ECO !　卵は染めずに ECO !

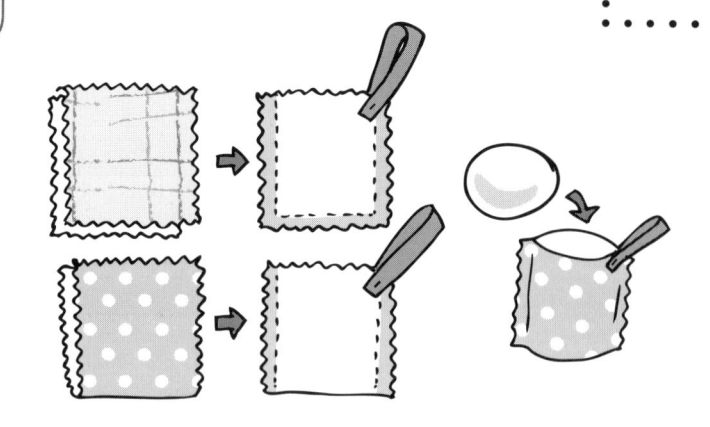

☺ 用意するもの

はぎれ（15 × 15 ㎝ を 2 枚、
または 15 × 30 ㎝ を 1 枚）、
リボン…15 ㎝、布用接着剤、
ホチキス、ピンキングばさみ、
ゆで卵、木の枝など

❖ 作り方

① はぎれ 2 枚を外表に合わせるか、外表に二つ
　折りにする。
② 上の口を残して、両端および底を布用接着剤で
　しっかりとめる。
③ リボンを輪にしてホチキスで端にとめる。
④ 袋に卵を入れて、口を閉じる。木の枝などにつ
　るして飾る。

◉ はぎれはほつれないよう、周囲をピンキングばさみで整
　えておく。
◉ 上級生の場合は、②を糸で縫うようにしてもよい。
◉ 袋は、あとで献金入れや小物入れにも使えます。

大きなイースターエッグ

喜びいっぱいのイースターを、特大の卵を作って祝おう！

☺ 用意するもの
風船、新聞紙、水のり、カッター、
白い紙（できれば半紙）、紙テープ、
絵の具、ペン、菓子など

❖ 作り方

① 風船をふくらます。新聞紙をちぎり、水だけで
　風船に貼っていく（③で風船がはがれやすくな
　る）。一面に貼れたら、その上にちぎった白い
　紙を水のりで貼り、1 週間乾かす。

② 乾いたら、張り子に絵の具やペンで絵やイース
　ターの聖句をかく。取り扱いに注意する。
③ カッターで切り込みを入れ、割れた中の風船を
　取りだす。
④ 菓子や聖句を書いたカードなど、好きなものを
　中に詰める。切り口を紙テープでとめる。

宝の地図でエッグハント

卵さがしをちょっとスペシャルに！

☺ 用意するもの
ゆで卵…人数分、
プラスチック製エッグカプセル
　　　　　　　…たくさん、
色紙、画用紙、両面テープ、はさみ、
サインペンなど、あめ

▢ 準備しておくこと

①ゆで卵のイースターエッグ（＝宝物）を作る。

②色紙を卵型にカットし、うら面に両面テープ
　を貼って卵シールを作る。

③画用紙に「宝の地図」を描き、バラバラにカッ
　トする。

④エッグカプセルに「卵シール」「バラバラに
　なった宝の地図のかけら」「あめ」のいずれ
　かをランダムに入れる。

⑤画用紙で卵シールの台紙を作る。

❖ 進め方

①エッグカプセルは会場のあちこちに、本物
　のイースターエッグは秘密の場所に隠す。

②制限時間をもうけ、いっせいにエッグカプ
　セルハントをスタートする。1人何個ゲッ
　トしても OK。

③時間が来たら、みんなでカプセルを開いて、
　中身を確認する。

④卵シールは台紙に貼って、数を競おう。

⑤宝の地図のかけらが出てきたら、協力して
　つなぎ合わせてパズルを完成させ、宝物を
　さがしに行こう。

昇　天

✝ 聖書は……使徒 1・6 〜 11

天に昇ったイエスさま

弟子たちが見ているうちに
天へと上げられたイエスさまを作ろう！

> ☺ 用意するもの
>
> ストロー（5 cm × 2 本）、
> ひも（麻ひも、荷造り用ひもなど）、
> 画用紙、模造紙、色鉛筆など、
> セロハンテープ

❖ 作り方

① イエスさまを作る。画用紙（10 × 5 cm）
　にイエスさまを描いて切り抜く。

② ①のうらにストローを平行に 2 本、図の
　ようにセロハンテープで貼る。

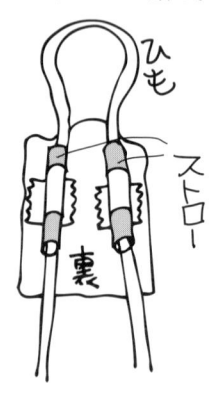

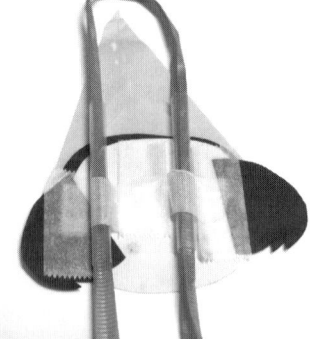

③ ひもが ∩（逆 U の字）になるように通して、
　足の下に出す。

④ 高いところ（天井）にある釘に、ひもの上
　端をひっかける。その上に画用紙を雲形に
　切って貼り、釘が見えないようにしておく。

⑤ 両手でひもの端を持ち、交互に引っぱると、
　イエスさまがどんどん上っていき、雲の中
　に隠れる。

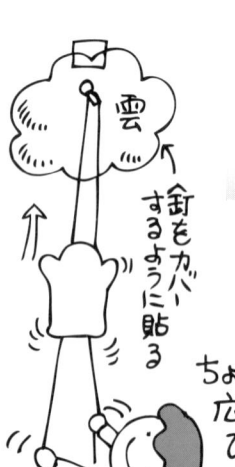

教会に聖霊を！

聖霊の象徴である鳩で教会を飾ろう。
窓のように光の透けるところに飾るときれい！

☺ 用意するもの

鳩の型紙、ホチキス、はさみ、
トレーシングペーパーや色紙など、
のり、セロハンテープ

❖ 作り方

① トレーシングペーパーや色紙を重ねて、その上
　に鳩の型紙を置く。紙がずれないように、型紙
　の周囲数か所をホチキスでとめておく。
② 型紙のとおりに、型をとり、切り抜く。
③ ホチキスをとってばらし、色の違う紙を少しず
　らして重ね、のりで貼り、固定する。
④ 窓や壁などにセロハンテープで貼り、飾る。

型紙

✝ 聖書は……使徒2・1〜4

聖霊の風を受けよう

かざぐるまで風をおくって、
目に見えない聖霊を感じよう。

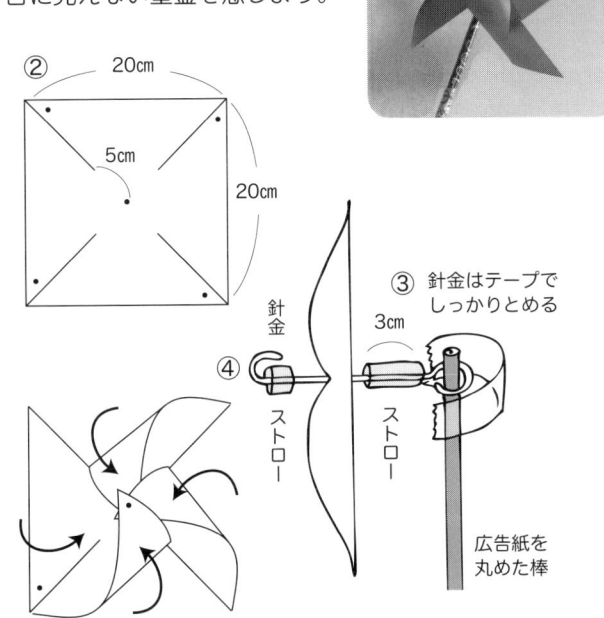

② 20cm
5cm
20cm

針金
③ 針金はテープで
しっかりとめる
3cm

④ ストロー ストロー

広告紙を
丸めた棒

☺ 用意するもの

A4クリアファイル（20 × 20 cm に切る）
または両面折り紙、広告紙、針金（15 cm）、
ストロー（3 cm、1 cm）、油性ペン、はさみ、
セロハンテープ、目打ち、ペンチなど

❖ 作り方

① 広告紙を細くきつく丸め、セロハンテープで
　しっかりとめて長い棒にする。
② 羽の用紙（A4クリアファイルまたは両面折り
　紙）に図のように切り込みを入れ、5か所に目
　打ちで穴をあけ、油性ペンで模様を描く。
③ 針金の端を棒に巻いてテープでとめる。
④ 針金にまず3 cm のストローを通し、羽根をつ
　け、先端に1 cm のストローをさして曲げ、テー
　プで抜けないようにとめる。

聖霊降臨

風船はこびリレー

炎のようなかたちのうちわをあおいで
風船をはこび、リレーゲームをしよう。

折り返し地点

☺ 用意するもの

うちわ、風船、
画用紙（赤）、両面テープ、
ビニールテープ、はさみ

▢ 準備しておくこと

① 炎のうちわを作っておく。赤い画用紙を、
はさみでうちわを隠すくらいの大きさの炎
のかたちに切って、両面テープでうちわの
両面に貼る。
② ビニールテープなどでスタートラインを決
め、適度に離れた場所を折り返し地点にし
て、リーダーが2人立つ。

◉ 時間がとれれば、前の週にうちわ作りの活動をして、
自分のうちわを作れるとよいですね。

❖ 進め方

① 2つのチームに分かれ、風船をスタートライ
ンに置く。
② 合図とともに、地面もしくは床に置いてある風
船にうちわで風をおくり、転がしながら風船を
はこぶ。
③ リーダーのところまで行ったら、折り返して戻
る。
④ 風船をはこびながら戻ってきたら、次の人にバ
トンタッチ。

聖霊がくだるとき

赤いリボンを振って、
聖霊がくだった様子を表します。

「聖霊」ということばが
聞こえたら

父、子、聖霊の…

☺ 用意するもの

割りばし、セロハンテープ、
赤いリボン（30〜40cm）

ペンテコステモビール

作っているときも、飾っているときも、
ペンテコステを豊かに味わえるモビールです。

> ☺ 用意するもの
>
> 油性マジックなど、割りばし…2本、
> プラ板、刺しゅう糸または毛糸、
> トースター、接着剤、はさみ、目打ち

❖ 作り方

①プラ板を丸く切る。上に糸を通す穴をあける。

②丸く切ったプラ板に、鳩や炎などのペンテコステのシンボル、教会や弟子、地球（教会が世界中に広がったので）などを描く。

③②をトースターで焼く（焼き時間は製品によって異なる）。

④プラ板に糸を通し、固結びする。

⑤割りばしを長いものと短いものに切り、プラ板のついた糸を結ぶ。結び目に接着剤をつけ、バランスをみながら固定する。

みんなで赤いリボンを
頭の上で振るよ♬

聖霊が…

❖ 進め方

①礼拝前に全員にリボン・割りばし・セロハンテープを配る。

②各自が割りばしの先端にリボンをはさみ、セロハンテープで固定する（遅れて来た人たちには、できあがったものを配る）。

③礼拝中に「聖霊」ということばが聞こえたら、赤いリボンを頭の上で振るよう伝えておく。

④聖書のことばやさんびか、メッセージの時に「聖霊」が出てきたら、赤いリボンを頭の上で振る。

●おとなの礼拝に参加してできるとなお good ！
その場合は、事前に牧師に許可をとり、教会員の方々にもアナウンスしておきましょう。

お花のありがとうカード

わたしたちを見守ってくれる家族や大切な人に、
感謝の気持ちをこめてカードを贈ろう。

☺ 用意するもの

カード大の淡い色画用紙、濃い色画用紙、
白画用紙…各1枚、
リボン、赤い折り紙…2枚、
セロハンテープ、のり、ピンキングばさみ
（普通のはさみでもよい）

❖ 作り方

① 赤い折り紙をじゃばらに折り、真ん中をセ
ロハンテープでとめる。ピンキングばさみ
で端を切り、開いてかたちを整える（2つ
作る）。
② 濃い画用紙を台紙にして、ひとまわり小さ
く切った淡い画用紙を、真ん中を合わせて
貼りつける。一緒に半分に折る。
③ その中心に、白い画用紙を丸く切ったもの
の4分の1を貼り、カーネーションを入
れる包み紙となるようにする。
④ ③の中にカーネーションが少し入るよう
に貼り、リボンを飾る。

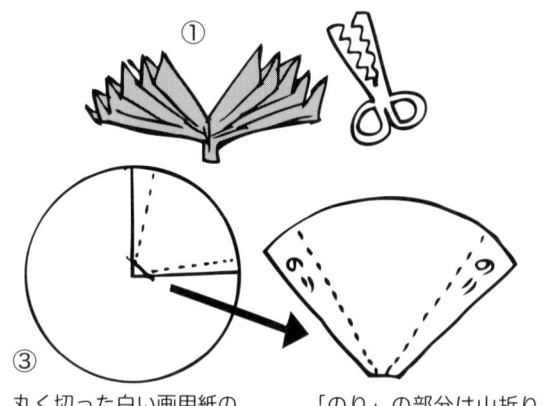

丸く切った白い画用紙の
4分の1が1つ分となる

「のり」の部分は山折りにし
てカードにのりづけする

● 余白にはカードを贈りたい人の絵を描いたり、感謝のメッセージ
を書いてみましょう。
● 花の色を変えると、通常のカードとしても使うことができます。

ありがとうの洗濯バサミ

なにかと便利な洗濯バサミをデコレーションして
プレゼント！

☺ 用意するもの

木製洗濯バサミ、厚紙、
アクリル絵の具、ひもやリボン、
シールやデコ用ラインストーン、
透明マニキュア、感謝のカード

くるみボタンマグネット

花にも負けないかわいさ！
花柄のマグネットを作ります。

マグネットおもて

マグネットうら

☺ 用意するもの

厚紙、花柄のはぎれ、
くるみボタン（直径 38 mm くらい）
のセット（打具台が含まれている
もの）、
マグネット（直径 18 mm くらい）、
はさみ、ペンチ、
接着剤または両面テープ

●ボタンの作り方は商品説明も参照
してください。

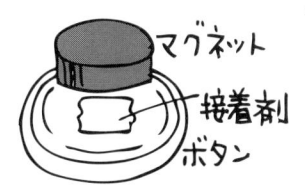

☐ 準備しておくこと

①厚紙で直径 65 mm の型紙を作り、それに
あわせて古いシャツや布などを切ってお
く。花柄がなければどんな柄でもよい。
②くるみボタンの糸通し用フックを、ペン
チで取り除いておく。

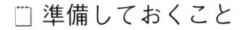

❖ 作り方

①布を打具台にうら返しに乗せ、上からボタ
ン外側を置く。
②そのまま押し込み、はみだした布で、ボタ
ン外側をくるみ込む。
③さらに上からボタン内側を乗せ、打具で
しっかりと押し込む。
④フックの跡に、接着剤か両面テープでマグ
ネットを貼りつける。

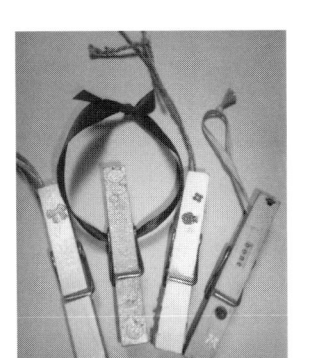

❖ 進め方

①木製洗濯バサミに厚紙をはさんで、持ち手
として使う。
②厚紙を持ちながら、洗濯バサミにアクリル
絵の具やシール、ラインストーンでデコ
レーションする。
③絵の具が乾いたら、仕上げに透明マニキュ
アを塗るときれいで丈夫になる。
④ ③のバネの針金のところにひもやリボン
を通して、輪をつくる。
⑤カードにメッセージを書いて、はさむ。

花の日

オリジナルの花びん

日用品の中には、かわいいかたちのビンがいっぱい。
集めておいて、すてきな花びんを作りましょう。

 毛糸などを巻く　 シール・みことば　 手づくりシール　 レースやリボン

☺ 用意するもの

ガラスの小型ビン、マスキングテープ・コットンリボン・英字新聞・みことばを書いた紙片・写真・レース・麻ひも・シールなど装飾材料（アイディア次第でなんでも）

☐ 準備しておくこと

油、ジュースなどの空きビンの中をきれいに洗う。ラベルは半日ほど水につけておくと、はがれる。

❖ 作り方

① ビンに装飾を施す。
　例えば……
　・みことばや好きな絵を描いたオリジナルのラベルを作って貼る
　・レースやマスキングテープなどで飾る
　・麻ひもを巻きつける
　・上記を組み合わせてコラージュ　など。
② できあがった花びんは、そのまま室内に飾ったり、「花の日」に花を生けてプレゼントしよう。

とびだすお花

お花がぱっと開きます。
お花を咲かせながら、
プレゼントするのもいいね！

① ②

● 1枚ずつ上に持ち上げると立体的なお花になります。

❖ 作り方

① 色セロハンでお花を作る。12〜13cm角に切ったセロハンを4枚重ねてじゃばら折りにする。真ん中をセロハンテープでとめ、1枚ずつ開きながらかたちを整える。
② ①をセロハンテープで割りばしに固定する。
③ 幅2〜3cm、長さ12〜13cmに切った緑色セロハンを2枚用意。花の下の左右にセロハンの片端を接着剤でつける。割りばしをコップにさし、もう一方を紙コップのふちにつける。
④ 割りばしを下に引いて花を隠す。

緑セロハン　接着
③ ④

☺ 用意するもの

色セロハン（赤、ピンク、黄色など）、緑色セロハン、接着剤、紙コップ、割りばし、緑絵の具、絵筆、はさみ、セロハンテープ、千枚通しなど

☐ 準備しておくこと

割りばしをあらかじめ緑色に塗っておく。紙コップの底に千枚通しなどで割りばし用に穴をあける。

割りばしを押し上げると花が咲く。

平和クイズ

『こどもさんびか 改訂版』140番
「みんなでへいわを」に出てくる
いろいろな国の「平和」が、何語かを当てよう!

☺ 用意するもの
各言語名と各ことばの「平和」を書いた紙、
筆記用具

日　本　語　・	・peace(ピース)
フランス語・	・мир(ミール)
英　　語　・	・平和(へいわ)
ロ　シ　ア　語　・	・paix(ペ)
ヘブライ語・	・평화(ピョンファ)
韓　国　語　・	・amani(アマニ)
スワヒリ語・	・Friede(フリーデ)
ド　イ　ツ　語　・	・שלום(シャローム)

❖ 進め方

①「みんなでへいわを」を歌う。
②人数分用意した右上のような紙を配る。
③各言語名とその語の「平和」をむすんでみよう。

人文字で「へ・い・わ」

人文字で「へいわ」をつくろう。

☺ 用意するもの
デジタルカメラまたは携帯電話、
脚立、印刷機、印刷用紙
(必要ならブルーシート)

❖ 進め方

①「へ」「い」「わ」の文字を人文字でつくる。
　目安は、「へ」「い」は2人で、「わ」は3人ほ
　どでかたちづくる。
②できたら携帯電話やデジタルカメラで撮影。
③撮った写真を記念としてみんなにメールで送信
　または印刷して、自分たちがつくった「へいわ」
　を送り合う。
④最後にみんなで、『こどもさんびか 改訂版』
　140番「みんなでへいわを」を歌おう♪

●土足の床には、ブルーシートなどを敷こう。

平和聖日

平和でこんにちは

ヘブライ語で「平和」は「シャローム」。
現代では「こんにちは」というあいさつのことばです。
お客様を迎えるドア飾りを作ろう。

> ☺ **用意するもの**
>
> 丈夫な厚紙または段ボール（10 × 20 cm）、
> 折り紙や色画用紙（10 × 20 cm より大きく）、
> 小さいスパンコールや粉末のラメ、リボン、
> ひも、のり、木工用接着剤、セロハンテープ、
> 敷紙、はさみ、下書き用鉛筆など

❖ 作り方

① 厚紙のおもて面に好きな色の折り紙な
どをのりで貼りつける。うら面も、紙
できれいにしておく。

② ①を大きな敷紙の上に置いて、おも
て面にヘブライ語の「シャローム」の
文字（右の写真参照）を、木工用接着
剤で書く（鉛筆でうすく下書きしても
よい）。

③ ②の接着剤で書いた文字の上に、ス
パンコールやラメをのせる。すべての
文字の上にのせたら、余分なラメなど
は下の敷紙に払い落とす。

④ 接着が弱そうなところには、上から木
工用接着剤をたらして補強する。

⑤ 翌週までそのまま置いておく。木工用
接着剤が乾いて透明になったら、ドア
に飾るためリボンやひもをセロハン
テープでうらに固定する。家へ持って
帰って飾ろう。

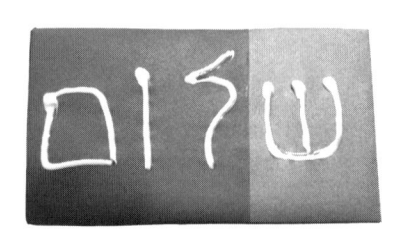

②

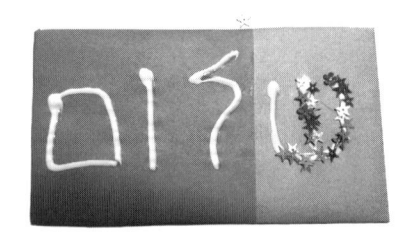

③

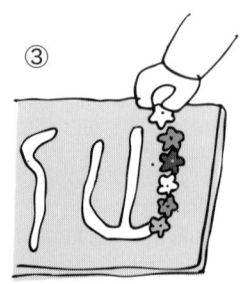
③

うら面

神さまの愛・ハンカチ染物

わたしたちの心に染みとおる
神さまの愛を思って、
カラーセロハンの色液でハンカチを染めよう！

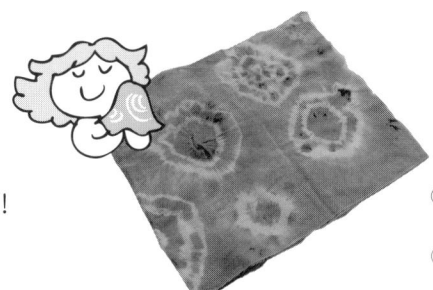

◉ハンカチにはあらかじめ
名前を書いておく。
◉セロハンの色液は落ちに
くいので、エプロンを
するなど配慮する。

☺ 用意するもの

洗ってのりを落とした白いハンカチ、
ビー玉3個ぐらい、輪ゴムたくさん、
カラーセロハン（ハンカチの2倍の大
きさ）、ビニール袋、水

❖ 作り方

①ハンカチに3か所ぐらいビー玉をのせ、輪
ゴムを巻いてしっかりとめる。その他、ビー
玉がないところも、何か所かをつまんで輪
ゴムを巻きつける。

②ビニール袋に好きな色のカラーセロハンと
水50〜100ccを入れる。水がこぼれない
ように口をしっかり押さえて、よくもんで
色をだす。

③ ①のハンカチを②に入れて輪ゴムでとめ
て、よくもみ込む。

④一昼夜ほどそのままにしておき、取りだし
てそのまま日干しする。

⑤乾いたら輪ゴムを外しビー玉を取り、水洗
いして干す。乾いたらアイロンをかける。

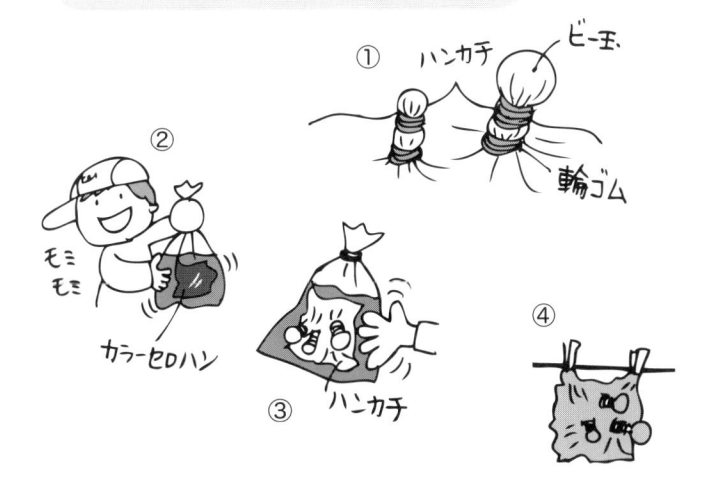

夏の思い出を俳句に

楽しい経験を振り返って五・七・五で
つづってみましょう。
作文が苦手な子どもも楽しめます。

☺ 用意するもの
短冊のように切った色画用紙、
カラーペン

❖ 作り方

①俳句の仕組みを説明する。五・七・五の構造、季語
についても忘れずに。

②キャンプの思い出、夏に経験したことを話し合う。
リーダーが例を発表すると理解が深まる。

③それぞれの俳句を短冊に書き、最後に名前や自分の
印も入れる。空白に絵を描いてもよい。

④できあがったら、発表したり、教会に展示する。

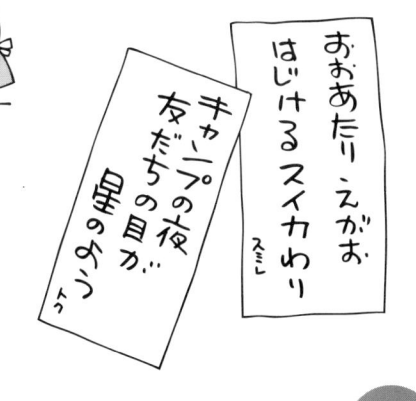

おおあたり えがお
はじけるスイカわり
スミレ

キャンプの夜
友だちの目が
星のよう

教会のひみつオリエンテーリング

いつも来ている教会だけれど、CS の時間だけでは知らないことがいっぱい。ひみつを発見しよう！

☺ 用意するもの

B4画用紙（指令書）…6枚、
大きな封筒…6枚、カラーペン

❖ 進め方

① 「こんなものが届いたよ」。大きな封筒から第1の指令書を出して見せ、みんなはそれにしたがう。

② 聖書にはさまれている第2の指令書を見つけて指示にしたがう。

③ 子どもたちが外へ出ているすきに、第3の指令書を玄関にしかけておく。

④ 第4の指令書は礼拝堂の入り口からいちばん遠い席にしかける。

⑤ 全員がそろったら、各自がもらった第5の指令書のピースをジグソーパズルの要領でつなぎ合わせる。指示された場所へ行くと、最後（第6）の指令書が置いてある。

⑥ 第6の指令書を読んで、お祈りする。

☐ 準備しておくこと

① 第1〜第6の指令書をB4画用紙で作成。「指令」は〈例〉を参照。

② 第2の指令書を礼拝場所の聖書の中に（目立つように）にしかける。

③ 第5の指令書は、ジグソーパズルの要領でカット。ピース数は参加人数分。

指令の例

第1の指令「いつも礼拝をおこなっている場所に、聖書が何さつあるか数えてみよう」

第2の指令「外へ出て、教会の周囲をぐるっと回って、教会の大きさをはかろう。何歩で1周できるかな」

第3の指令「礼拝堂へ行って、席がいくつあるかかぞえてみよう」

第4の指令「●●へ行け」

＊教会の中のふだんはあまり行かないような場所を設定する（事前に牧師などに子どもが入ってもよいか確認しておく）。
　リーダーはそこに待機していて、第5の指令書パズルのピース1片を全員に渡す。自分のピースだけでは意味が通らない。全員がそろい、協力してパズルを完成させないと次に進めない。

第5の指令「いつも礼拝をおこなっている場所へ行け」

第6の指令「おかえり。今日はふだん行かない場所、見たことがない物を見たよね。教会にはいろんな人がいるね。いろんな場所があるんだね。来週も教会に来られるように、みんなでお祈りをしよう」

CS 新聞を発行！

福音は神さまからの招待状。
みんなの活動を新聞にして、
他の人たちにも伝えよう。

☺ 用意するもの
A3 サイズの台紙、
用紙、カラーペン、鉛筆、
必要であれば写真、のり、
はさみなど

❖ 進め方

① みんなでどのような CS 新聞を作るかを
相談する。

② 新聞の名前を決めよう。

③ どんなコーナーを作るかを相談して、担
当者を決める。A3 サイズの紙に鉛筆で
コーナーを分け、その大きさにあわせて
用紙を切る。

〈内容例〉
CS で楽しいこと、メンバー紹介、牧師
やリーダーの紹介、行事予定、メッセー
ジ、教会探険、クイズなど

④ それぞれのコーナーの紙を持ち寄り、台
紙に貼る。

4コマまんが	夏休みとくべつ号だよ〜♪	

✝ ○○教会 CSしんぶん (2019 ねん 8 がつ号)

夏休みの思い出をみんなにインタビュー！ ○○君 ○○さん ①

写真 ○○さん ②

みんなで歌おう！こんげつのさんびか ③ 1 ○○○○○

牧師さんのしょうかい

お祈りしてほしいこと ・ ・ ・ ④ 2 ○○○○○

これからのよてい
毎月さいしょの日曜日…おたんじょうびかい
バザー…しゅうかくかんしゃ…
みんなきてね！まってるよ！

おたのしみコーナー
・なぞなぞ

クラス しょうかい
・幼稚科
・小学科
・中高生科
毎週日曜日、朝9時から礼拝をしています！それからクラスにわかれて、たのしい活動をしているよ♪

ボクはマンガだョ
バザーのおしらせよ

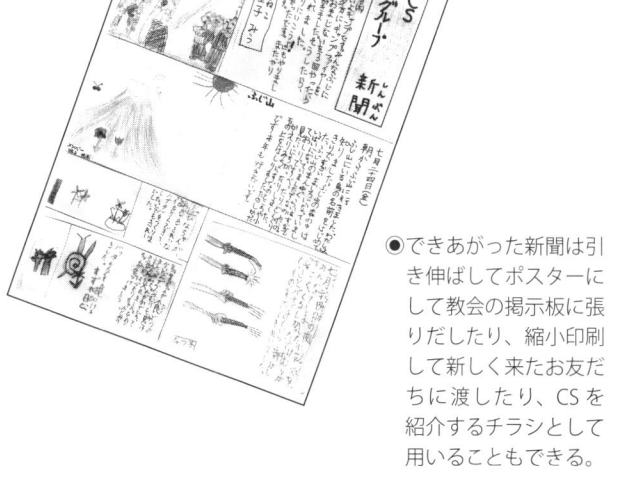

● できあがった新聞は引き伸ばしてポスターにして教会の掲示板に張りだしたり、縮小印刷して新しく来たお友だちに渡したり、CS を紹介するチラシとして用いることもできる。

世界の神さまの子どもたち

世界中に広がる神さまの子どもたちのことを知ろう。
どんな暮らしをしているのかな。

☺ **用意するもの**

とりあげる国の国旗、地図（地球儀）、
その国に関する視覚教材、資料、
ボール紙（B4）、のり、カッター

☐ 準備しておくこと

①パズル合わせだけをする場合は、リー
　ダーがパズルのパーツを作っておく。
②とりあげる国の状況がわかるような視
　覚教材を用意する。

❖ 進め方

その国を知ろう！

①地球儀や地図を使って、その国をさがす。
②とりあげた国と日本との距離を知る。
③資料を使って、どのような所に住んでいる
　か、どんな服を着ているか、どんな表情を
　しているかを目で確かめ、自分たちとの違
　いを見つける。その後、気づいたことをみ
　んなで語り合う。

●キリスト教教育週間は……
日本キリスト教協議会（NCC）教育部により、10
月第3日曜日から第4日曜日に「教育のわざと子
どもの命と尊厳の大切さを覚える時」として定めら
れています。また、一般の教会員や子どもの家族に
教育プログラムを知らせるときでもあります。

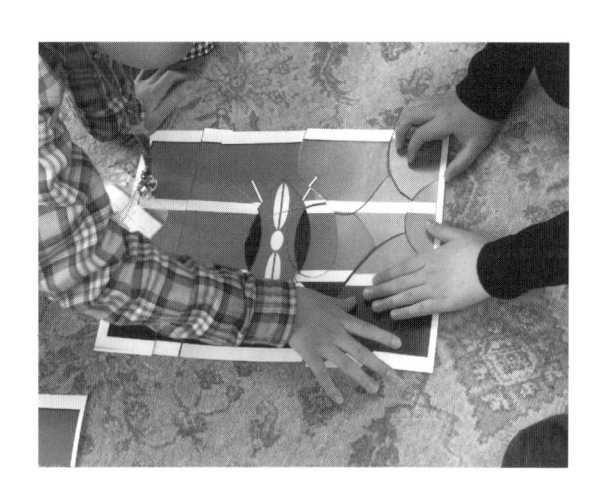

世界の国旗パズル

①とりあげる国（見本はケニア）の国旗を、
　B4サイズに拡大してカラー印刷する。
②うら面全面にのりをつけ、ボール紙に貼る。
③乾燥したら、適当に切り分ける。人数や対
　象年齢にあわせて、数やかたちを変える。

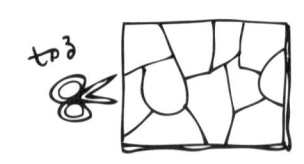

最後に……

①国旗パズルが完成したあとに、各ピースを
　1つずつ配り、心に残ったことを思い返し
　ながら、うらにお祈りを書く。
②使用した資料などをしばらく掲示する。

みことばを印刷しよう！

初めて自分の国のことばで聖書を印刷した
宗教改革者ルターにならって、
自分の好きな聖書のことばを印刷してみよう。

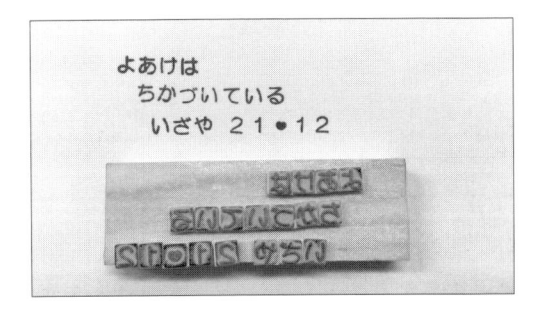

☺ 用意するもの

スタンプ用台（木のブロックなど）、
文字スタンプ、両面テープ、
スタンプインク、紙、はさみ

🗒 準備しておくこと

文字スタンプをはさみで切り離し、あ行、
か行……とまとめる。

❖ 進め方

①聖句をえらぶ。短いものがよい。

②聖句の文字を拾いだす。

③台のおもて面に両面テープを貼る。

④拾いだした文字を③に並べて両面テープで
　つけ、版を作る。

⑤インクを印面の上からつける。

⑥紙に押す。

- 文字と文の方向に注意。スペースを空けたり行を変
　えたりして、読みやすくする工夫をしましょう。
- 両面テープにある程度の粘着力があれば、何度でも
　やり直しができます。
- インクは上からつけるほうがきれいに仕上がります。
- 紙をカットし、リボンをつけて整えましょう。

世界祈祷日

平和の祈りをつなげよう

みんなで世界の友だちをおぼえて平和のお祈りをして、お祈りを書いた紙をつなげよう。

●世界祈祷日は……
世界祈祷日国際委員会（WDP）が中心となり、毎年3月第1金曜日に世界中で「世界祈祷日」が守られています。共に和解と平和を求めて祈り合い、キリストの愛を世界中に広めています。日本でも、第二次世界大戦中をのぞき1932年から毎年開催されています。

☺用意するもの
いろんな色画用紙（少し厚め）を右図のかたちに切ったもの（つなげられるかたちになっている）、ペン、ピンやクリップ、絵本

❖進め方

①最初に「平和」とはなにか、考える時間を持つ。具体的に戦争など世界の状況を知ることができる絵本や、平和を願う絵本などを読む。

（例）
・『おとうさんのちず』（ユリ・シュルヴィッツ作、さくまゆみこ 訳、あすなろ書房）
・『ぼくがラーメンたべてるとき』（長谷川義史作・絵、教育画劇）
・『ダイヤモンドより平和がほしい —— 子ども兵士・ムリアの告白』（後藤健二 著、汐文社）

②みんなに切ってある色画用紙とペンを渡す。
③それぞれが、「平和」を願うお祈りを用紙に書く（まだ文字の書けない子どもの場合はリーダーが代筆、またはお祈りだけしてもらう）。
④隣に座っている人にお祈りを書いた紙を渡す。
⑤順番に立って、渡された紙のお祈りを読む。
⑥その紙を右図のようにつないでいく。最後にピンやクリップでとめて輪にして、CSの部屋に飾ろう。

色画用紙のかたち

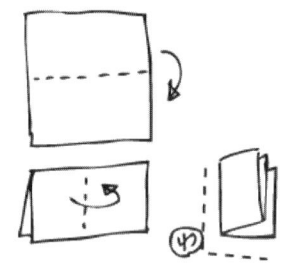

①色画用紙を4つに折る

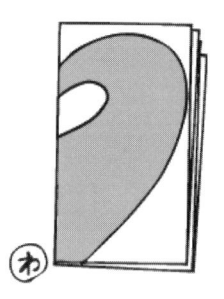

②グレーの部分を残して切りとる

つながってる

③広げるとこんなかたち

④内側に祈りを書く

つなげ方

どんどんつなげよう

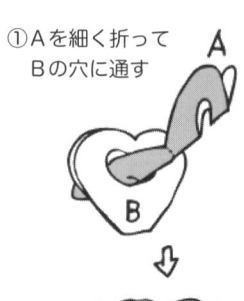

①Aを細く折ってBの穴に通す

③つながったらできあがり！ 次の紙も上へ上へとつなごう

②半分通ったら広げて

賛美・祈り編

賛美やお祈りを、子どもたちに必死に教えようとしてしまうことはないでしょうか。そうではなくて、子どもたち自身の内からあふれでてくるように導きたいものです。そのための工夫、そして新しいさんびかも紹介します。

賛　美

さあダビデのように♪

✝聖書は……サムエル記下 6・1 ～ 19

『こどもさんびか 改訂版』13 番に手拍子や足拍子、振りつけ
を加えて、ダビデのようにからだいっぱいにさんびしよう！

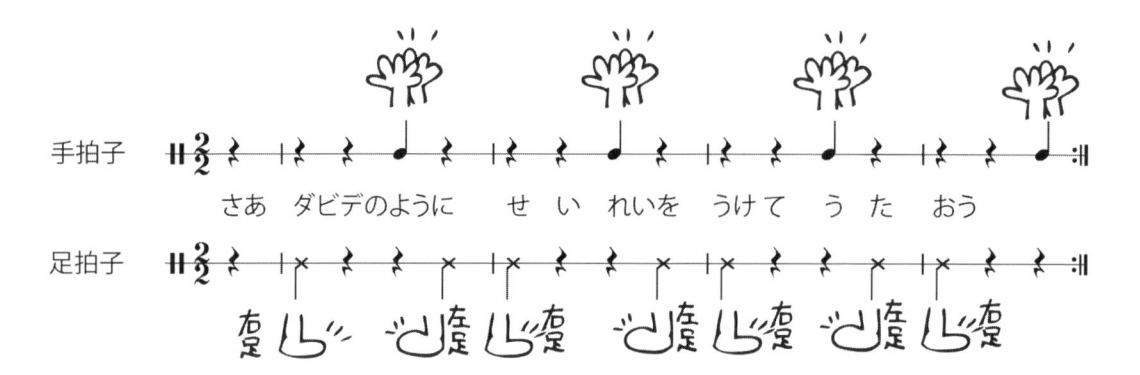

手拍子　　　　　さあ　ダビデのように　　せ　い　れいを　うけて　う　た　おう

足拍子

●後半は振りを自由につけてみましょう。

振りつけの例

「祈ろう」……ひざまずいて手を組み、お祈
りのポーズ

「踊ろう」……両手を上に上げて、体を左右
に揺らす。

「回ろう」……その場でくるくる回る。また
は 2 人で手をつないで回る、みんなで手を
つないで大きな輪をつくって回る。

「跳ねよう」……その場でぴょんぴょん跳ぶ。
どのくらい高く跳べるか競ってみる。

「たたかおう」……空手のようにこぶしを左
右交互に力強く出す。

「叫ぼう」……両手をメガホンのように口に
あてる。本当に「ワーーーッ!!」と叫んでみる。

「歌おう」
手話の「歌」。両手の人さ
し指と中指の 2 本を立て、
口元から上の方に歌が広が
るように。

「祈ろう」

「踊ろう」

「回ろう」

「跳ねよう」

「たたかおう」

「叫ぼう」

わくわくがいっぱい！

✞聖書は……ヨハネ 4・1 〜 15 ほか

奥羽教区こども修養会のみんながでつくったさんびかです！
「永遠の水」と聞いて、みんなはどんな「水」をイメージするかな？

"わくわくがいっぱい" 永遠の水

作詞　2016 年度奥羽教区
　　　子ども修養会のみんな
作曲　岡田いわお、岡田恵美子

©岡田いわお、岡田恵美子

| ＊　ゴーイング　アップ　ジーザス　　ザ　ウェイ |
| Going　　　　up　　Jesus　　　the　way |
| 昇ろう　　　イエスさま　　　道 |

賛　美

ともに生きるわたしたち

お友だちとふたり一組になって歌おう。
からだを動かすと、心ももっと近くなる♪

あなたからわたしへ

アメリカ合衆国の手遊び歌

あ　な　た　か　ら　わ　た　し　へ

手を広げて
相手にさしのべる

わ　た　し　か　ら　あ　な　た　へ

互いの手のひらを
合わせる

合わせた
手のひらを上へ

お　た　が　い　に　わ　か　ち　あ　い

手を合わせたまま、
円を描きながら徐々におろす

と　も　に　生　き　る　わ　た　し　た　ち

自分の手を合わせて、
互いにおじぎする

『Thuma Mina　つかわしてください──世界のさんび2』
（日本キリスト教団出版局）より

賛美でお祝い！

新しい歌でイエスさまのご降誕を賛美しよう。
ギターで伴奏するのもすてきです。

Happy Birthday

作詞・作曲　岡田恵美子

Ha-ppy Bir-th day　　Ha-ppy Bir-th day　　さあ みんなー で お いわい し よう

Ha-ppy Bir-th day　　Ha-ppy Bir-th day　　すく いぬしー がー こられ た

わたしーたちのため の　　すくいーぬしキリスト　　グ ローリア

イン マヌ エル　　主 が とも に

©岡田恵美子

Happy Birthday　Happy Birthday
さあ　みんなでおいわいしよう
Happy Birthday　Happy Birthday
すくいぬしがこられた

わたしたちのための
すくいぬしキリスト
グローリア　インマヌエル
主がともに

＊グローリア……栄光
＊インマヌエル
　……神さまがわたしたち
　とともにおられる

手作りの楽器で賛美しよう

身近にあるものでオリジナル楽器を作り、
元気な声で神さまをたたえよう。

空き缶ドラム

☺ 用意するもの

缶詰や菓子の空き缶（大・小いろいろ）、
丸棒（太い菜ばし）…2本1組、輪ゴム…たくさん

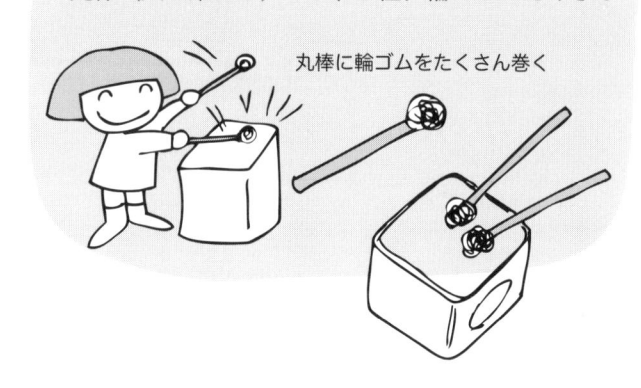

丸棒に輪ゴムをたくさん巻く

輪ゴムリラ

☺ 用意するもの

惣菜トレー、輪ゴム

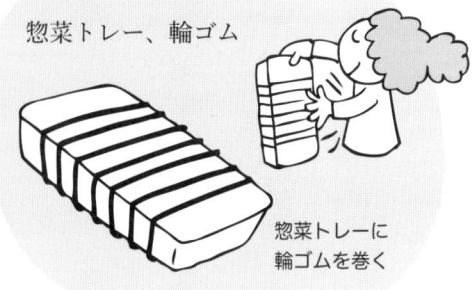

惣菜トレーに
輪ゴムを巻く

ペットギロとパックギロ

☺ 用意するもの

2 ℓ ペットボトル、針金、両面テープ、セロハンテープ、
1 ℓ 紙パック、つまようじ…10本くらい、割りばし（ばち）

紙パックに、両面
テープとつまようじ
を貼り、さらに上か
らセロハンテープで
とめる

ペットボトルに両面テープを
貼り、針金を巻く

うらに穴
を開ける

缶カラマラカス

☺ 用意するもの

ジュースの空き缶（同じ大きさ2つ）、
ビニールテープ、缶の中に入れるもの
（小石・ビーズ・ねじ・ボタン・
大豆・小豆など）

シャカ
シャッ

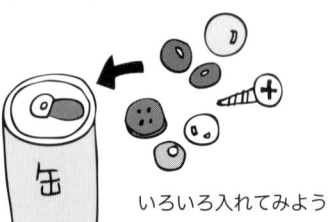

いろいろ入れてみよう

口の部分を合わせて
カラフルなテープでとめる

ケース笛

☺ 用意するもの

フィルムや薬などのふたつきケース（小さいもの）、
カッター、たこ糸

ヒュン

ヒュン

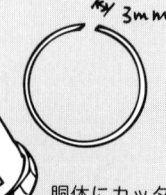

約3mm

胴体にカッターで
穴をあけ、底にひ
もをつけ、キャッ
プをしめる

コラージュ de「主の祈り」

いろいろなものから文字をさがして、
「主の祈り」を完成させよう!

✞聖書は……マタイ6・9〜13

> ☺用意するもの
>
> 古雑誌、通販カタログ、古新聞紙、
> チラシ広告など、はさみ、のり、
> カラーペン、画用紙（B4）…1枚、
> マスキングテープ、シールなど

切る係

さがす係

さがす係

🗒 準備しておくこと

模造紙などに、子どもの年齢にあわせて
「主の祈り」を大きく書いておく。

●切り抜きの素材（古雑誌など）はカラ
フルで、なるべく大きな文字が印刷さ
れているものを用意しましょう。

間違えたら貼り直そう

❖ 進め方

①用意しておいた「主の祈り」を見本として、み
んなが見える場所に張りだす。

②1グループ5人ぐらいに分け、グループ内で、
文字を切り抜く人、画用紙に文字を貼る人など、
分担を決める。

③貼りだされた「主の祈り」を見ながら、そこに
使われている文字を、雑誌などからさがして切
り抜く。大きさや色などはバラバラでOK。

④ ③と同時進行で、見本の「主の祈り」にあわ
せて、画用紙に文字を貼っていく。

⑤文字を貼り終えたら、画用紙のまわりにイラス
トを描いたり、シールやマスキングテープで装
飾する。

⑥完成した「主の祈り」は、見える場所に張って
おき、覚えられるまでみんなで声を出して読み
合ってみよう。

「主の祈り」カードゲーム

礼拝でささげる「主の祈り」を、
カードを作って楽しく覚えましょう。

> ☺ 用意するもの
>
> 画用紙（A4）…20枚前後、
> はさみ、マジック

❖ 進め方

「主の祈りカード」を作る

①画用紙を縦に2分割した短冊状のカードを作る。

②みんなで手分けして「主の祈り」をカードに書く。例を参照して、カード1枚につき、1文節程度がよい。対象年齢にあわせて漢字をひらがなに直したり、ふりがなをふったりする。

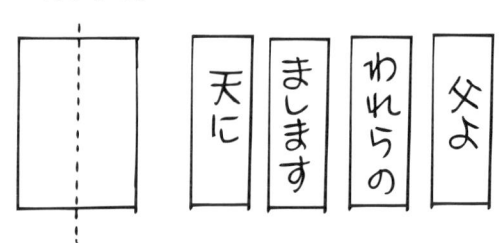

〈例〉

「天に」「まします」「われらの」「父よ」「ねがわくは」「み名を」「あがめさせたまえ」「み国を」「来らせたまえ」「みこころの」「天になるごとく」「地にも」「なさせたまえ」「われらの」「日用のかてを」「今日も」「与えたまえ」「われらに」「罪をおかすものを」「われらが」「ゆるすごとく」「われらの罪をも」「ゆるしたまえ」「われらを」「こころみにあわせず」「悪より」「すくいいだしたまえ」「国と」「ちからと」「栄えとは」「限りなく」「なんじのものなればなり」「アーメン」　　（全部で33枚）

チーム対抗「主の祈りカード」リレー

①チームの数だけ「カード」のセットを用意。子どもたちから少し離れた場所に、カードをおもて向きにまいておく。

②走る順番を決める。スタートの合図で第1走者は「天に」を拾って戻る。第2走者にタッチ。第2走者は次のカード「まします」を拾って、第3走者にタッチ……。

③待っている人は、拾ってきたカードを床に祈りの順番に並べる。

④間違えた場合は戻って拾い直す。次に拾ってくることばを教えてよい。はやく「主の祈り」を完成させたチームが勝ち！

「主の祈り」カード合わせ

①「カード」を1セット用意。うら返しにして床にばらまく。

②順番を決め「主の祈り」の順に1枚ずつ開く。まずは「天に」のカードをさがす。開いたカードが間違っていたら、その場に戻してうら返して次の人に交代する。「天に」を開いた人がそのカードをもらうことができる。次は「まします」が出るまで同じことを繰り返す。

③カードをゲットできた人は、もう1回開くことができる。

クッキング編

いろんな人と仲よくなれるいちばんの方法って、なんでしょうか？　それはみんなでいっしょに、1つのものを食べること！　そのうえクッキングもしたら、きずなはもっと深まりそうですね。子どももおとなも、みんなで作って食べよう！

卵のパウンドケーキ

イースターのごちそうと言えば卵！
みんなで作ってイースターを喜ぼう。

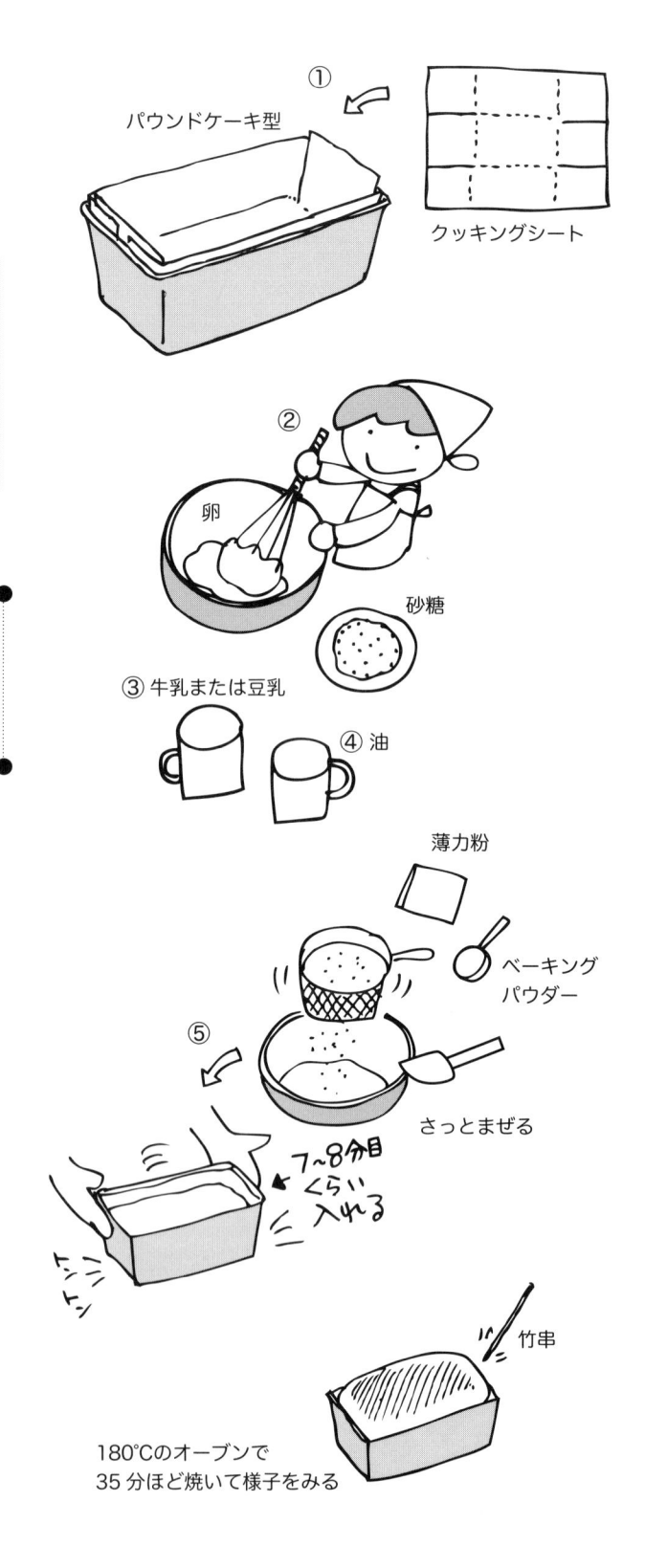

① パウンドケーキ型　クッキングシート

② 卵　砂糖

③ 牛乳または豆乳　④ 油

薄力粉　ベーキングパウダー

⑤ さっとまぜる　7〜8分目くらい入れる　竹串

180℃のオーブンで
35分ほど焼いて様子をみる

☺材料（ケーキ1個分）
パウンドケーキ型小（6×7×15cm程度）
卵…2個　薄力粉…120g　砂糖…70〜80g
ベーキングパウダー…小さじ1弱
牛乳または豆乳…50㎖
なたね油または太白ごま油…50㎖

☺用意するもの
クッキングシート、ボウル、泡立て器、
ヘラ、ふるい、竹串

❖作り方

①パウンドケーキ型にクッキングシートを敷
　く。オーブンを180℃に温めておく。

②大き目のボウルに卵を割り入れ、砂糖を加え
　てよくまぜる（2分くらい）。

③牛乳または豆乳を入れてよくまぜる。

④なたね油または太白ごま油を入れてよくまぜ
　る（油がまざるように底の方もよくまぜる）。

⑤ふるった薄力粉とベーキングパウダーを入れ
　て、さっとまぜる。

⑥ケーキ型に⑤を流し入れ、180℃のオーブン
　で35分ほど焼く。竹串をさして焼き上がり
　を見る。

◉焼き加減はオーブンによって多少違いがあります。

お菓子の教会

ペンテコステは教会の誕生日。
お菓子の教会を作ってお祝いしよう。

> ☺材料
>
> 卵白…1個分　粉砂糖…200g
> レモン汁…少々
> アスパラガスビスケット、正方形のソーダクラッカー、マーブルチョコ、チョコスプレー、チョコパイ、ポッキーかプリッツ、マシュマロ、とんがりコーンなど

❖ 作り方

①卵白1個分に粉砂糖200gを溶かしこんで、アイシングを作る（レモン汁を入れると白く仕上がる）。

②1人に1枚紙皿を用意し、その上にクラッカー4枚をチョコかアイシングで接着し、床、屋根、壁にする。

③アスパラガスビスケットで十字架を作り、教会の壁部分に接着する。

④教会の横にチョコパイを置き、ポッキーかプリッツを半分に折って立てて、とんがりコーンなどをかぶせる。

⑤教会の屋根を、マーブルチョコ、小さなマシュマロ、チョコスプレーなどで飾る。

◉接着は、すべて溶かしたチョコレートかアイシングを用いる。
◉アイシングはスプーンやナイフを使うか、クッキングシートでコーンを作ってしぼる。

すいとんを食べてみよう

平和聖日をおぼえて、戦時中の
食べ物がなかった時代を体験します。

戦時中のすいとん

> ☺材料（5〜6 人分）
> 薄力粉…1/2 カップ
> 水…1/4 カップ
> 汁用の水…5 カップ　塩…少量

❖ 作り方

①薄力粉をボウルに入れ水を加えて、こねる。
②鍋に汁用の水を入れ、沸騰したら①のだんご
　をスプーンですくって入れる。だんごが湯面
　に浮かんできたら、塩をひとつまみ入れて味
　つけ（ほとんど味がない薄味）をする。

> ☺用意するもの
> 鍋 2 つ、おたま、
> まな板、包丁、
> ボウル、おわん、
> スプーン、はし

野菜すいとん

> ☺材料（5〜6 人分）
> ダイコン、ニンジン、シメジ、油揚げ、
> ネギ、その他好みの野菜…適量
> 薄力粉…1 カップ　水…80cc
> 汁用の水…5 カップ
> しょうゆ…大さじ 3〜5
> 和風顆粒だし…大さじ 1

❖ 作り方

①野菜などを食べやすい大きさに切る。
②鍋に汁用の水を入れ固い野菜を煮る。煮て
　いる間に薄力粉でだんごを作る。
③ ②の野菜が柔らかくなったら、その他の
　野菜と和風だし、しょうゆを入れて味つけ
　し、だんごを入れてさらに 2 分ほど煮る。

● みんなで手分けして作業し、食べる時には味のない「戦時
　中のすいとん」を先に食べて比較してみましょう。
● キッチンが狭い場合は、広いホールなどにカセットコンロ
　を用意します。
● この日を特別な 1 日として、戦争を経験した高齢の教会員
　などから、礼拝奨励（お話、証し）をしていただきましょ
　う。食事の時も、戦時中の食事体験をお話をしていただき
　ながら、子どもたちと一緒に食べてもらいましょう。

スイカの白玉フルーツポンチ

夏バテしそうな暑い日に、
なによりうれしいひんやりスイーツ！

☺材料
スイカ（横半分に切ったもの）、
オレンジ、キウイ、パインなどの
お好みのフルーツ、
サイダー、白玉粉、水

❖ 作り方

① スイカの器を作る。最初に
　底の部分をうすく切る（安定
　させるため）。

② スイカの中身をスプーンでくり抜く。

③ 他のフルーツを一口大に切る（事前に切っ
　ておいてもよい）。

④ 白玉だんごを作る。白玉粉を適量の水で練
　り、丸くして真ん中をへこませる。

⑤ ④を沸騰した湯に入れ、浮き上がってき
　たら水に取る。

⑥ スイカの器にスイカ、フルーツ、白玉だん
　ごを入れ、最後にサイダーをそそぐ。

☺材料
丸い大きなビスケット、
植物性生クリーム、砂糖

☺用意するもの
ボウル、泡立て器、
保存容器、ラップ、
ケーキナイフ

ビスケットアイスクリーム

夏のパーティーに！
簡単だけど豪華なひんやりデザート。

❖ 作り方

① ボウルに生クリームと砂糖を入れ、つ
　のが立つまで泡立てる。砂糖の量は生
　クリーム200mℓに対し、大さじ1程度。

② 保存容器にラップを敷く。いちばん下
　にビスケットを敷きつめ、その上にホ
　イップクリームを重ねる。さらに同じ
　順番に重ね、最後にビスケットをかぶ
　せてラップし、冷凍庫で凍らせる。

③ 2〜5cm程度の幅でカットする。

ホイップクリーム
ラップ
ビスケット

ごろごろアイスクリーム

夏の定番おやつといえばアイスクリーム。
手作りにすれば、2倍おいしい！

○ 用意するもの
大きなふたつき缶（中に小さな缶を入れ
ても周囲に余裕がある大きさのもの）、
小さなふたつき缶（プラスチックは不可）、
ビニールテープ、タオル、器、スプーン、
泡立て器

☺ 材料（容器1つ分）
牛乳…100 ㎖
卵（黄身のみ）…1個
砂糖…大さじ2
氷…適量
塩…200g

❖ 作り方

① 牛乳と卵の黄身、砂糖大さじ2を泡立て
　器でまぜて、小さな缶に入れる。

② ふたを閉めたら、ふたのふちをビニール
　テープでしっかりととめる。

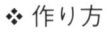

◉ シェイクに疲れてきたら、キャッチボールの要領で、
　二手に分かれて、ごろごろ転がしあってもよい。

③ 大きな缶に小さな缶を入れ、大きな缶と中
　の缶のすきまに氷を入れる。氷はぎゅう
　ぎゅうに詰めこまないで、氷が動く余裕が
　あるようにする。

④ 氷に塩をかける。

⑤ 大きな缶のふた
　を閉め、ふたの
　ふちをビニール
　テープでしっか
　りととめる。

⑥ 手で持ってシェイクする。

⑦ 15分から20分続けると、小さな缶の中
　にアイスクリームができあがる。
　缶のふちで手を切らないように気をつけて
　開けたら、みんなで食べよう♪

◉ 缶の周囲はかなり冷たくなります。シェイクする時は素手
　で触らないように、タオルなどで包んで行ってください。

収穫感謝ディップパーティー

神さまの恵みに感謝しつつ、ディップをつけて
いろいろな野菜をいただこう。

❖ 作り方

①生で食べる野菜と蒸す野菜を分けて野菜を切る。固い野菜
は小さめに、もしくはうすく切る。蒸す野菜は、蒸し鍋や
電子レンジなどで蒸しておく。

②お好みのディップ
ソースを何種類か
作る。

③野菜を好きなソースにつけて、いただきます！

😊 材料
収穫感謝礼拝に持ち寄った野菜、
野菜につけるディップ（オリーブ
オイル、塩、こしょう、チーズ、
マヨネーズ、マスタード、アボカ
ド、みそ、七味など、お好みで！）

😊 用意するもの
まな板、包丁、
蒸し鍋（または電子レンジ）

スパニッシュオムレツ

収穫の恵みがたっぷり入ったスペイン風オムレツです。

😊 材料（4人分）
卵…4個　マヨネーズ…大さじ4
野菜…ニンジン、タマネギ、ジャ
ガイモ、ピーマンなど適量
塩、こしょう、ピザ用チーズ、
バター、ケチャップ

😊 用意するもの
ボウル、菜ばし、フライパン、ふた、包丁、
フライ返し、ラップ、取り分け皿、フォーク

❖ 作り方

①野菜を 0.5 ～ 1 cm の厚さに切る。
②固い野菜は大さじ1の水をふりか
けてラップをし、電子レンジで2
～3分加熱しておく。
③ボウルに卵を溶き、②とその他の野
菜、塩、こしょう、ピザ用チーズ、
マヨネーズを入れてよくまぜる。
④フライパンにうすくバターを溶か
し、フライパンを動かしながらオム
レツを作る要領で、菜ばしでゆっく
りかきまぜる。半熟になったら弱火
にし、ふたをして蒸し焼きにする。
焼き目がついたらもう一度ひっくり
返して蒸し焼きにする。

賜物いっぱいピザパーティー！

どんな素材がなにに合う？
それぞれの素材を生かして、みんなで
ピザパーティーをしよう。

☺ 材料

餃子の皮、ピザ用チーズ、
ピザソースまたはケチャップ、
ツナ缶、ホールコーン缶、マヨネーズ、
ウィンナー、アーモンドスライスなど

◉その他、リンゴ、レーズン、シナモン、バナナ、羊かんなどで作ってもおいしいよ！
◉オーブンの場合　予熱300℃。焼くときは200℃。トレーにアルミホイルを敷いて、その上で作る。
◉オーブントースターの場合　直前にあたためる。アルミホイルを敷いて、その上で作り、そのまま焼く。
◉ホットプレートでもOK！

❖ 作り方

①餃子の皮を広げ、ケチャップまたはピザソースをうすく塗ってのばす。
②以下を参考に具をのせよう。
〔ツナコーン味〕①にツナ、コーンなどの具材をスプーン1弱のせ、その上にマヨネーズとピザ用チーズを好みでかける。
〔ウィンナー味〕①にウィンナーを切ってのせ、その上にチーズやアーモンドスライスをのせる。
◉チーズはかけすぎないように注意。溶けてはみだすと、はがしにくくなる。
③②をオーブンまたはオーブントースターに入れ、チーズに焦げ目がつくまで焼く。

ぷにぷにグミ

オリジナルグミを作ります。
好きな味のジュースを使って。

☺ 材料（容器1つ分）
果汁100％ジュース…50cc　砂糖…大さじ2
レモン汁…大さじ1　水あめ…大さじ1
ゼラチン…10g

☺ 用意するもの
シリコン耐熱性ケース（または製氷皿）などの型
（取りだしにくい型は内側に油をうすく塗る）、
スプーン、鍋

ゼラチン

1〜2分　　2分+3分

❖ 作り方

①ジュース、砂糖、レモン汁、水あめを湯煎で1〜2分ほど、スプーンでまぜながら溶かす。
②鍋を火から下ろし、ゼラチンを入れてゆっくり2分ぐらいまぜる。その後もう1度湯煎にかけて、こんどは3分まぜる。
③好きな形の型に流しこんで、十分冷やしてから取りだす。

パンケーキのツリー

飾って楽しい！　食べるとおいしい！
かわいいツリーを作ろう。

© 材料（7〜8人分）
A 薄力粉…180g　卵…3個
　　ベーキングパウダー…小さじ 1/2
　　牛乳…90cc　砂糖…150g
B サラダオイル…少々、粉
　　生クリーム（ホイップ）…100cc
　　イチゴ（小粒）…30粒
　　粉砂糖…適量

● Aの代わりにホットケーキミックスを使う場合は──
　　　ホットケーキミックス…2カップ
　　　卵…3個　牛乳…450cc

●用意ができるなら、デコレーション用のチョコレートペン
　やカラースプレー、ヒイラギの葉っぱなどで飾って
　みよう。

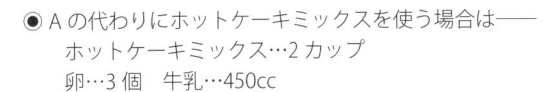

© 用意するもの
ボウル、ふるい、泡立て器、
ホットプレート、フライ返し、
ラップ、ふきん、ナイフ

⬚ 準備しておくこと

①薄力粉をふるっておく。
②イチゴのへたを取り、半分に切る。
③生クリームに砂糖を入れ、泡立てる。

❖ 作り方

①ボウルに卵をときほぐし、砂糖と牛乳をま
　ぜあわせる。
②薄力粉、ベーキングパウダーを数回に分け
　て①に入れ、泡立て器でまぜる。
③②のボウルにラップをして少しねかせる。
④ホットプレートを180℃に熱し、うすくサ
　ラダオイルを敷く。
⑤大きさを変えて、パンケーキを焼く。いち
　ばん大きいケーキは直径15cm。以下13cm、
　11cm、9cm、7cm、5cm、3cm の7種類。

⑥皿に15cm大のパンケーキを置き、パン
　ケーキのふちからはみ出ないように、生ク
　リームを塗る。半分にスライスしたイチゴ
　を並べる。
⑦⑥の上に13cmのパンケーキを重ねる。
　イチゴが端から見えるように。
⑧同じ手順を繰り返し、最後に上から粉砂糖
　をふる。

チョコレート・フォンデュ

イエスさまのお誕生をみんなで
おいしく楽しくお祝いしよう。

☺ **材料**
「赤」い実（イチゴ、リンゴなど赤い果物）
「緑」の実（キウイなど緑の果物）
「星」のケーキ（スポンジケーキを型で抜く）
「白」いマシュマロ
チョコレート（または生クリーム）

☺ **用意するもの**
鍋、ボウル（各3つ）、竹串、ペン、
星型の抜き型、画用紙、のり、くじを入れる袋、
くじ（黄、赤、緑、白の紙を切ったもの）

❖ **進め方**

①リーダーがクリスマスの星やシンボルカ
　ラーの説明をし、くじ袋の中の黄、赤、緑、
　白の紙を1枚ずつひいてもらう。

②いちばん最初は引き当てたくじ（黄は星の
　ケーキ、緑と赤はフルーツ、白はマシュマ
　ロ）のテーブルへ。それぞれ竹串にさし、
　ボウルのチョコレート（生クリーム）につ
　けて食べる。
　2回目からは自由に♪

●カステラや星型のおせんべいも使える。
●バナナ、パイナップルなど、他のフルーツも
　準備しよう。
●高学年や、時間のある場合は、「準備してお
　くこと」の作業も取り組めるとよいですね。

☐ 準備しておくこと

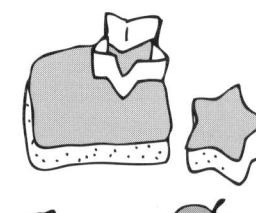

①スポンジケーキを星型で
　抜いておく。
　果物は、一口サイズに
　カットする。

②竹串の上のほうに、画用
　紙を小さく切った各自の
　名札をつける。

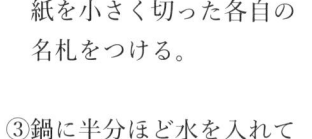

③鍋に半分ほど水を入れて
　沸かし、ボウルにチョコ
　レートを入れて湯煎する
　（3セット作る）。

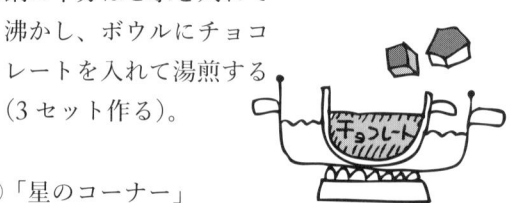

④「星のコーナー」
　「フルーツコーナー」
　「マシュマロコーナー」
　3つのテーブルを用意し、それぞれに湯煎
　で溶かしたチョコレートか生クリームを置
　く。
　テーブルには、それぞれのシンボルを大き
　く描いた紙を置く。

★ ★ ★ ★ ★ ★ ★ ★ ★
それぞれの意味は…
　　星……ダビデの星、しるしの星
　　赤……イエスさまの血潮
　　緑……永遠の命
　　白……純粋な心
★ ★ ★ ★ ★ ★ ★ ★ ★

✝聖書は……ルツ記２章

オートミールスコーン

ルツの落ち穂拾いを思いつつ、大麦の代わりに
えん麦のオートミールで簡単スコーンを作ろう！

☺材料（9個分）

オートミール…1カップ
薄力粉…3/4カップ
砂糖…大さじ2　卵…1個
牛乳…120～150cc
ベーキングパウダー…小さじ2
バター…大さじ2～3

●生地にチョコチップや刻んだドライフ
　ルーツを入れてもおいしくできます。

❖作り方

①バターを溶かしておく。オーブンを200℃に温めておく。
②材料すべてをボウルに入れてまぜる。
③天板にクッキングシートを敷き、生地をスプーンで落とし
　ていく。
④オーブンで20分焼く。

粉と油のエリヤのクッキー

✝聖書は……列王記上17・1～16

エリヤがもらったパン菓子って？
粉と油で作ってみよう。

☺用意するもの
ボウル、ラップ、クッキングシート、オーブン

☺材料（クッキー16枚分）

全粒粉…120g　砂糖…20g
なたね油（またはオリーブオイル）…大さじ2
塩…ひとつまみ　水…大さじ1.5

❖作り方

①ボウルに粉と砂糖、塩を入れ、お米をとぐよう
　に、手でぐるぐるとまぜる。
②①になたね油を加え、計量スプーンに残った
　油も指できれいに加える。油に粉をなじませる
　ようにして、手でぐるぐるまぜる。
③そぼろのようになってきたら、両手で手早くす
　り合わせて、大きなかたまりをつぶすようにま
　ぜて細かくする。

●粉を少なめ（80～100g）にしてチョコレー
　トやごま（20～40g）、砂糖と水の代わりに
　メープルシロップを入れてもおいしい！

④水を全体に回しかけ、手でぐるぐるまぜる。
⑤生地がほぼまとまってきたら、外側から手前に
　折りたたむようにしてなめらかにまとめる。ま
　とまりにくければ水を少々足す。
⑥ラップで包み、3×4㎝の四角形の棒状に整
　える。切りやすくするために冷凍庫で30分ほ
　ど冷やす（長時間置かないよう注意）。
⑦生地をナイフで8㎜厚に切って、手でうすく
　のばし、クッキングシートを敷いた天板に間隔
　をあけて並べ、170℃に予熱したオーブンまた
　はオーブントースターで10分ほど焼く。

命のパン

「わたしが命のパンである」とおっしゃった
イエスさまをおぼえて……。

☺ **材料**

強力粉…300g　砂糖…大さじ 1（9g）
無塩バター（常温に戻しておく）
　　　　　　　　　　　　…大さじ 1（12g）
ドライイースト…大さじ 1/2（5g）
ぬるま湯…180cc　塩…小さじ 1（5g）
打ち粉用の薄力粉…適量

☺ **用意するもの**
ボウル、ラップ、包丁、オーブン、まな板

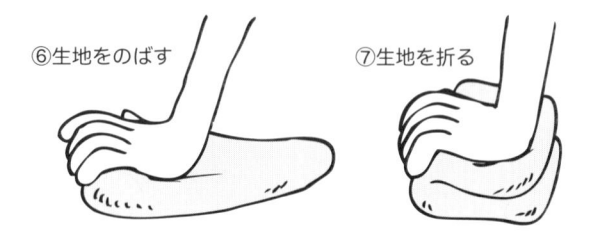

⑥生地をのばす　　　　⑦生地を折る

❖ **作り方**

①人肌程度のぬるま湯を用意。
②ボウルに強力粉、砂糖、無塩バター、ドライイーストをそれぞれ入れる。
③ ①のぬるま湯を②のボウルに入れ、まぜあわせながら手でこねる。
④生地がまとまってきたら塩を入れ、再びこねる。打ちつけるくらいがよい。100 回くらいが目安。
⑤打ち粉をしたまな板の上に生地を置く。
⑥利き手の手首を使って生地をのばす。
⑦ ⑥を半分に折り曲げ、またのばす。これを 5 〜 10 分ほど繰り返す。
⑧生地を丸くまとめ、ボウルに入れてラップをする。生地が 2 倍ほどに膨らむまで置く（一次発酵）。
⑨打ち粉をしたまな板の上に⑧の生地を置き、上から手で軽く押してガスを抜く。
⑩包丁で生地を 12 個分に分け、1 つ 1 つ丸める。とじ目はきっちりしていなくても大丈夫。
⑪天板に 1 つ 1 つくっつかないよう並べて置き、置いて二次発酵させる。2 倍くらいに膨らむ。
⑫ 180℃予熱なしのオーブンで 17 分ほど焼く（オーブンによって多少時間が変わるので、様子をみながら）。

ちょっとおまけ
チーズスナック

ここまで読んでくださってありがとう。
簡単にできるチーズスナックをご紹介！

☺ **用意するもの**
パルメザンチーズ
ごく細かいパン粉（凍らせた
パン粉をすり鉢でする）
スライスアーモンド…適量
テフロン加工のフライパン
スプーン、フライ返し、
すりこぎ棒など

❖ **作り方**

①チーズとパン粉を 3：1 の割合でまぜる。
② ①をフライパンにうすくのばし、スプーンの背で軽く押さえて焼く。焼けたら返して両面焼く。スライスアーモンドをかける。
③柔らかいうちに、すりこぎ棒などを当ててくるりと丸める。

執筆一覧

岡田恵美子・岡田いわお
　29、32、36、38、39、47、48、60 下・61 下、66、72、75、77、82
更生教会ひかりのこスタッフ会
　6・7 下、9、10、11、13、14、17、18 下・19、21、27、37、40、44、54、57、58、60 上、
　63 上、64 上、68、70、78、79、80、84、86、87 下、89
中目黒教会 CS リーダー会
　28 上、31、42、43 上下、46 上下、52 上、55、59 上下、65 上下、67 上、76、83、85 下、
　88 上、92 下
原田敦子
　24、25、26、28 下、30、33、35、49、52 下、53、56 下、62 上、64 下、69、85 上、87 上、
　88 下、90
藤井瑠璃子
　92 上
三河悠希子
　61 上
翠ヶ丘教会 CS リーダー会
　8、12、16、18 上、20、22 上下、34、41、51、56 上、62 下・63 下、67 下、74、91 上下
望月麻生
　71
『教師の友』編集部
　7 上、15、50

石橋えり子・絵

参照聖句索引

聖書箇所から活動内容を決める時の参考に！

TOMO セレクト

かんたん！　たのしい！
CS わいわいアイディア集

2019 年 3 月 15 日　初版発行

編集　　『教師の友』編集部
発行　　日本キリスト教団出版局
　　　　169-0051　東京都新宿区西早稲田 2-3-18
　　　　電話 03-3204-0422（営業）
　　　　　　　03-3204-0424（編集）
　　　　http://bp-uccj.jp

印刷・製本　三秀舎

ISBN978-4-8184-1030-5 C0016　日キ販
Printed in Japan